FAITES
GRANDIR
VOTRE
INFLUENCE

Les Éditions Transcontinental
1100, boul. René-Lévesque Ouest
24e étage
Montréal (Québec) H3B 4X9
Tél.: (514) 392-9000 ou, sans frais, 1 800 361-5479
www.livres.transcontinental.ca

Distribution au Canada
Québec-Livres, 2185, Autoroute des Laurentides, Laval (Québec) H7S 1Z6
Tél.: (450) 687-1210 ou, sans frais, 1 800 251-1210

Données de catalogage avant publication (Canada)

Samson, Alain
Faites grandir votre influence
(S.O.S. Boulot)
Comprend des réf. bibliogr.

ISBN 2-89472-181-1

1. Travail - Aspect psychologique. 2. Influence (Psychologie). 3. Contrôle (Psychologie).
4. Travailleurs - Attitudes. I. Titre. II. Collection.

| BF481.S25 2002 | 158.7 | C2002-940618-8 |

Révision:
Lyne Roy
**Mise en pages
et conception graphique
de la couverture:**
Studio Andrée Robillard

© Les Éditions Transcontinental, 2002
Dépôt légal — 2e trimestre 2002
Bibliothèque nationale du Québec
Bibliothèque nationale du Canada
ISBN 2-89472-181-1
Imprimé au Canada

Nous reconnaissons, pour nos activités d'édition, l'aide financière du gouvernement du Canada, par l'entremise du Programme d'aide au développement de l'industrie de l'édition (PADIÉ), ainsi que celle du gouvernement du Québec (SODEC), par l'entremise du Programme d'aide aux entreprises du livre et de l'édition spécialisée.

Alain Samson

FAITES
GRANDIR
VOTRE
INFLUENCE

**Les Éditions
TRANSCONTINENTAL inc.**

DANS LA MÊME COLLECTION

Gérez votre patron

Devrais-je démissionner ?

Un collègue veut votre peau

Bien payé mais toujours cassé

Sexe et flirts au bureau

Pourquoi travaillez-vous ?

TITRES À PARAÎTRE PROCHAINEMENT

Affirmez-vous !

Glissez sur le temps

Le kit du survivant

TABLE DES MATIÈRES

Que la force soit avec toi !

Avez-vous vu cette scène de *La guerre des étoiles*, le célèbre film de George Lucas, où Luke Skywalker se fait souhaiter «Que la force soit avec toi»? Le spectateur apprend que la majorité des gens sont inconscients de cette force omniprésente dans l'univers. De plus, cette force présente deux côtés: un côté sombre et un côté clair. Dans *La guerre des étoiles*, ceux qui ignorent l'existence de cette force subissent les contrecoups des gestes que font les initiés. Ils ne contrôlent pas l'action.

Une telle force existe également sur les lieux de travail: c'est la **politique.** La politique au travail, c'est l'ensemble des mécanismes qui permettent de répartir le pouvoir dans une organisation. Le pouvoir relatif de chacun n'est pas statique; il fluctue chaque jour, au rythme des événements ou des actions individuelles. Nul ne peut ignorer la politique, qui présente également un côté clair et un autre plus sombre.

Faire de la politique au travail, c'est faire grandir son influence parce qu'on bouleverse la répartition du pouvoir en s'en appropriant une plus large part. Nous avons cru bon de consacrer un titre de la collection **S.O.S. BOULOT** à ce thème parce que nous avons trop entendu de réflexions semblables aux suivantes.

➤ Sophie : « Je ne me mêle pas de politique. De cette manière, je peux continuer à me regarder dans le miroir. C'est bien mieux ainsi. »

➤ Denis : « La politique, c'est de la magouille. Si je fais bien mon travail et que je suis à la hauteur des attentes de l'entreprise, pourquoi devrais-je jouer les hypocrites ou continuellement me préoccuper de ce que font les autres ? N'y a-t-il pas déjà assez de politiciens ? »

Sophie et Denis ne perçoivent que le côté **sombre** de la politique. Pour eux, politique rime avec magouille, trahison, malversation ou appartenance au Grand Ordre des lèche-culs. Ils refusent d'adhérer à ces sombres pratiques, et nous les en félicitons.

En négligeant le côté clair de la politique, Sophie et Denis courent pourtant de grands risques.

Leurs chances de promotion sont presque nulles. Personne ne songera à offrir une promotion à un employé invisible, dont le nom n'évoque rien ou dont le dossier ne mentionne aucun accomplissement particulier.

Ils seront des proies faciles pour les magouilleurs. S'ils n'apprennent pas à reconnaître les tentatives de manipulation dont ils sont la cible, ils deviendront fort probablement des boucs émissaires quand les choses tourneront mal ou joueront les faire-valoir auprès des employés qui usent de la politique.

Ils risquent de se retrouver au chômage. Nous verrons plus loin que les employés qui savent utiliser la politique sont ceux qui restent en poste quand l'entreprise procède à une opération de rationalisation.

La désillusion les guette. En demeurant invisibles, ils n'obtiendront ni mandats plus motivants, ni défis plus ambitieux, ni responsabilités plus importantes. Cette sous-utilisation de leurs compétences pourrait fort bien miner leur moral et les plonger dans la phase 5 de l'emploi, dont nous avons traité dans *Devrais-je démissionner?*, de la collection **S.O.S. BOULOT.** Cette phase est atteinte lorsque les employés ne trouvent plus aucun intérêt à leur travail et qu'ils ne cherchent pas à améliorer la situation ; ils ont lancé la serviette. Par conséquent, ils risquent d'être tablettés, voire mis à pied.

Personne ne peut ignorer une force omniprésente, une force qui façonne chaque jour l'influence que quiconque peut avoir au travail. Ce livre a pour objectif de vous faire prendre conscience de l'importance de la politique au travail et des avantages que vous retirerez d'un usage éthique de celle-ci.

À la lecture du **chapitre 1,** vous découvrirez si vous tenez plus du loup, attiré par le côté sombre de la force, ou de l'agneau, attiré par le côté clair. À la fin de ce chapitre, vous verrez la politique d'un autre œil.

Le **chapitre 2** vous aidera à dégager toutes les sources de pouvoir à votre disposition au travail et à planifier la première étape d'une campagne politique. Vous constaterez que vous êtes bien plus puissant que vous ne le croyez et à quel point les gens ont besoin de vous.

Vous croyez que l'habit ne fait pas le moine ? Le **chapitre 3** vous prouvera le contraire. Vous apprendrez à gérer votre image afin de passer pour quelqu'un qui a de l'avenir dans l'entreprise.

Au fil du **chapitre 4,** vous serez appelé à utiliser le côté clair de la force afin de faire grandir votre influence et de faire votre chemin dans l'entreprise. Il est généralement possible de gagner du pouvoir tout en conservant un comportement éthique, mais il se peut que ce soit impossible. Si vous n'êtes pas allergique à la magouille, le **chapitre 5** vous apprendra à faire des incursions dans le côté sombre de la force. Il arrive en effet que ce soit le seul moyen de sauver sa tête.

Finalement, le **chapitre 6** vous montrera comment vous protéger d'un patron, de collègues ou d'employés qui ont succombé au côté sombre de la force. Vous y trouverez des moyens de limiter les dégâts ou de contre-attaquer si les charges sont trop fortes.

Vous avez peut-être grandi dans un environnement surprotégé ; on vous a peut-être fait croire que les bons gagnent tout le temps ou que les efforts mènent invariablement à la victoire. **Tout cela est faux.** Vous ne pouvez vivre en marge de ce qui se passe au travail. Vous ne devez pas faire comme si tout le monde était beau, tout le monde était gentil. Vous devez chaque jour progresser dans l'organisation ou, au moins, préserver votre place. Pour y arriver, vous devrez apprivoiser la force.

Bon travail. Bon succès. Et que la force soit avec vous !

CHAPITRE 1

Loup ou agneau ?

Quel côté de la force vous attire le plus ? Seriez-vous prêt à tout pour vous tailler une place enviable dans l'entreprise ou êtes-vous du genre à laisser le destin récompenser les plus méritants ? Ce chapitre vous aidera à déterminer où vous vous situez dans le continuum agneau-loup.

À l'extrémité gauche de ce continuum, on trouve **l'agneau sacrificiel.** Faisant fi de la politique, il pense que c'est en travaillant fort qu'on grimpe dans la hiérarchie de l'entreprise. Pour l'agneau, ce sont les principes qui comptent. Il est convaincu que la personne qui fait de son mieux, qui tient compte des besoins de tous et qui ne s'arroge aucun privilège ne manquera pas d'être appréciée de tous les membres de l'entreprise et... promue. Quand l'agneau se rend finalement compte que sa vision du monde du travail est idéaliste plutôt que réaliste, ses chances d'avancement approchent le zéro absolu et son pouvoir est au plus bas. Le train est passé.

À l'autre extrémité du continuum, **le loup sanguinaire.** Cet individu froid et calculateur croit fermement que c'est en tirant les ficelles, et non en effectuant un bon travail, qu'on se fait une place dans l'organisation. Pour atteindre ses buts, le loup n'hésitera pas à mentir, à intimider ses pairs ou à torpiller la carrière du collègue qui lui fait obstacle. Quand il se rend compte que sa vision du monde est faussée, le loup se retrouve souvent sans emploi ni amis. Il a pris le mauvais train.

Est-il besoin de préciser que personne, du moins nous le souhaitons, ne se situe à ces extrêmes ? Dans ce chapitre, nous tenterons de vous positionner sur le continuum.

Agneau
sacrificiel

Loup
sanguinaire

Le test

Voici 16 paires d'énoncés. Pour chaque paire, encerclez l'énoncé qui correspond le plus à votre personnalité au travail. Remémorez-vous des expériences récentes afin d'orienter vos réponses.

14

Il peut arriver que les deux énoncés d'une paire vous sourient également ou qu'aucun ne vous décrive. Dans ce cas, imaginez que la population est séparée en deux groupes égaux, chacun représentant un énoncé. Dans quel groupe voulez-vous vous retrouver ?

Répondez en fonction **de ce que vous êtes actuellement** et non en fonction **de ce que vous aimeriez devenir.** Comme les résultats vous appartiennent et que vous n'aurez pas à les révéler, faites en sorte qu'ils puissent vous servir.

1a. Pour réussir, il faut penser au bien commun.

1b. Pour réussir, il faut penser à ses propres intérêts.

2a. S'il faut flatter autrui pour être apprécié, je le ferai.

2b. Je n'adresserais pas de compliments artificiels à quiconque dans le seul but d'être apprécié.

3a. Je ne veux pas mentir pour arriver à mes fins.

3b. Mentir, ce n'est pas trahir. Le mensonge est plutôt un outil de travail qui permet d'obtenir plus rapidement les résultats escomptés.

4a. Je serais disposé à coucher avec un supérieur hiérarchique pour obtenir de l'avancement.

4b. Jamais je ne coucherai avec quelqu'un dans le but d'obtenir une promotion.

5a. Quand un collègue est tout à coup amical envers moi, je l'apprécie. Ça fait du bien de sentir ce nouveau lien.

5b. Je me méfie du collègue qui est tout à coup amical envers moi. Je me demande ce qu'il cache.

6a. Je compile dans un dossier des renseignements sur quelques collègues et sur mon patron. Ça peut toujours servir.

6b. Il ne me viendrait pas à l'idée de monter un dossier sur mes collègues ou sur mon patron. Je ne suis pas James Bond !

7a. Je fais en sorte qu'on connaisse mes réalisations.

7b. Je ne me vante pas de mes réalisations.

8a. Quand je vois venir un échec, je me mets en quête d'un bouc émissaire.

8b. J'assume mes responsabilités et j'avoue mes erreurs.

9a. Je n'ai pas de difficulté à prendre position ni à communiquer mon point de vue quand un débat fait rage dans l'entreprise.

9b. Quand un débat fait rage, je ne prends pas position avant de savoir qui l'emportera. J'adopte le point de vue du gagnant.

10a. Je ne me mêle pas des affaires des autres.

10b. Des informateurs me tiennent au courant des gestes de mes concurrents dans l'entreprise.

11a. Quand un problème se pose, je me demande quel effet il aura sur l'entreprise.

11b. Quand un problème se pose, je me demande quel effet il aura sur moi.

12a. Je tiens des propos vagues devant mes collègues. De cette manière, je ne peux être tenu responsable des bévues des autres.

12b. Je tiens des propos clairs devant mes collègues. Je m'assure ainsi d'être bien compris.

13a. Je suis prêt à travailler des heures supplémentaires pour autant que le patron me voie faire.

13b. Je suis prêt à travailler des heures supplémentaires pour autant que le travail soit urgent et important.

14a. Il est tout à fait normal de se faire des ennemis à mesure qu'on grimpe dans la hiérarchie de l'entreprise. On ne fait pas d'omelette sans casser des œufs.

14b. Avant de prendre une décision, je m'assure qu'elle ne heurtera pas mes collègues.

15a. Si un incompétent fait partie de mon équipe, je suis capable de lui confier un mandat important dans le seul but qu'il se casse les dents et que l'entreprise puisse le congédier par la suite.

15b. Je n'arrive pas à croire que quelqu'un adhère à l'énoncé 15a. Les ressources de l'organisation ne doivent pas être utilisées à des fins personnelles.

16a. Je fais tout ce que je peux avec le peu de ressources (humaines, financières et techniques) qu'on m'accorde.

16b. Il m'est arrivé de saboter le travail de mon service afin de faire la preuve que je manquais de ressources.

VOTRE RÉSULTAT

Accordez-vous un point pour chacune des réponses suivantes : 1b, 2a, 3b, 4a, 5b, 6a, 7a, 8a, 9b, 10b, 11b, 12a, 13a, 14a, 15a et 16b.

Si vous avez **4 points ou moins,** vous êtes un agneau sacrificiel. Trop occupé à travailler, vous ignorez probablement tout des manœuvres politiques qui se trament chaque jour devant vous et dans votre dos. De grâce, lisez ce livre jusqu'à la fin ! Vous ne vivez pas à Hollywood, là où les bons gagnent tout le temps. Vos lunettes roses nuisent à votre progression dans l'entreprise et font de vous une proie facile pour tous ceux qui convoitent votre poste ou les ressources dont vous disposez.

Si vous avez **de 5 à 8 points,** vous êtes un agneau. Vous avez conscience de l'importance de la politique au travail et, pour entrer dans la bataille, vous avez choisi vos armes : la réciprocité, le réseautage, une gestion efficace de votre image et le professionnalisme. Vous savez qu'il faut semer pour récolter, et c'est précisément ce que vous faites.

Un danger vous guette cependant. Si vous ne repérez pas les loups qui rôdent autour de vous, vos beaux efforts vous rapporteront une fraction de ce que vous devriez normalement en retirer. Grâce aux prochains chapitres, vous raffinerez votre stratégie et apprendrez à démasquer les ennemis.

Si vous avez **de 9 à 12 points,** vous êtes un loup. Vous avez conscience de l'importance de la politique au travail, mais c'est le côté sombre de cette force qui vous attire. En conséquence, les armes que vous avez choisies, soit l'opportunisme, le mensonge, l'intimidation et la flatterie, sont tout autres que celles de l'agneau.

Il est probable que vous ferez votre chemin dans l'entreprise si vous continuez sur cette voie. De nombreuses personnes y sont arrivées. Mais, si vous négligez le côté clair de la force, vous risquez fort de vous sentir seul au sommet, une fois que vos objectifs auront été atteints.

Si vous avez **plus de 12 points,** vous êtes un loup sanguinaire. Vos collègues sont pour vous des pions que vous devez jouer adroitement pour atteindre vos fins. L'avenir de l'entreprise vous intéresse moins que votre carrière, si bien que vous n'hésiterez pas à négliger le premier pour aider la seconde. Le patron que vous encensez à longueur de journée serait désagréablement surpris s'il apprenait ce que vous pensez vraiment de lui quand vous riez de ses jokes plates.

Si vous avez lu *Un collègue veut votre peau*, le guide n° 3 de la collection **S.O.S. BOULOT,** vous vous êtes probablement reconnu dans le type d'agresseur que nous avons appelé le politicien. Vous êtes un danger pour l'équilibre psychologique de ceux que vous utilisez et que vous abandonnez par la suite. Nos deux principaux buts sont ici de vous apprendre à utiliser le côté clair de la force ou, si rien n'y fait, d'aider vos victimes à se débarrasser de vous !

LE CHOIX DES ARMES

L'agneau	Le loup
La réciprocité	L'opportunisme
Le réseautage	Le mensonge
L'image	L'intimidation
Le professionnalisme	La flatterie

POURQUOI LA POLITIQUE EST-ELLE NÉCESSAIRE AU TRAVAIL ?

L'oiselet qui, dans le nid, réussit à pousser ses frères et sœurs au sol, sera bientôt le seul à bénéficier de la nourriture apportée par ses parents. Il grandira et pourra éventuellement se reproduire. C'est rarement l'oiselet pacifiste, celui qui souhaite la survie de toute la couvée, qui vivra assez longtemps pour se reproduire plus tard. Les cinq raisons que nous vous présentons maintenant prouvent que cette forme de darwinisme existe également dans l'entreprise.

1. La rareté des ressources

La première raison pour laquelle la politique est nécessaire au travail est celle-ci : les ressources d'une organisation sont **limitées** et ses besoins, **illimités.** Par conséquent, dans une même entreprise, tous se livrent une concurrence pour obtenir des ressources financières, humaines ou matérielles, ce qui entraîne le recours aux stratégies suivantes.

La séduction du détenteur de ressources. En s'attirant les faveurs de celui qui détient les ressources (patron, conseil d'administration, contremaître, etc.), on peut se voir attribuer des ressources additionnelles, même si d'autres personnes ou équipes les mériteraient davantage.

La dévalorisation des projets concurrents. En minimisant l'importance des autres projets ou en mettant en doute les hypothèses sur lesquelles ils sont fondés, on peut créer suffisamment de perplexité chez le détenteur de ressources pour que leur réalisation soit remise à plus tard.

La mise en valeur de son propre projet. En mettant en valeur le bien-fondé de son projet ou en gonflant son importance relative, on peut obtenir des ressources qui auraient autrement été accordées à un autre projet.

La manipulation du concurrent. En désinformant un concurrent, en l'empêchant de bien préparer son dossier ou en le persuadant de la futilité de son projet, on s'assure qu'il ne pourra pas se dresser entre soi et l'obtention des ressources désirées. Si vous êtes un agneau sacrificiel, cette seule raison devrait vous pousser à devenir un agneau. Voici d'ailleurs des exemples d'agneaux sacrificiels qui se sont retrouvés sans ressources.

> ➤ Louis : « Le budget total pour l'amélioration du parc informatique était de 8 000 $. Étant donné que Gilles s'entend bien avec la patronne, il a demandé et obtenu 6 000 $. Il ne restait donc que 2 000 $ pour mon service. »

> ➤ Raymonde : « Carl a trafiqué les données du dernier sondage de satisfaction de la clientèle en minimisant l'impact des problèmes d'expédition. Mon projet, qui visait à réduire les délais d'expédition ainsi que les risques d'erreur dans la préparation des commandes, a donc été ignoré. »

Dans ces exemples, le concurrent de Louis a eu le
côté clair de la force, tandis que celui de Raymonde
sissait le côté obscur. Dans les deux cas, les agneaux sacri
ficiels ont été perdants.

2. Les objectifs personnels

Certaines personnes ont des objectifs personnels et travaillent chaque jour à les atteindre. D'autres se con-
tentent de faire mécaniquement leur boulot, sans aucun
projet à concrétiser.

Il n'est pas étonnant que les personnes qui savent ce
qu'elles veulent utilisent les autres pour atteindre leurs
buts. Si vous n'avez pas un objectif personnel relié au travail, lisez *Pourquoi travaillez-vous ?*, le guide n° 6 de la
collection **S.O.S. BOULOT,** et cessez de servir d'instru-
ment au succès des autres.

3. Les mécanismes de récompense

Les augmentations de salaire ou les bonis sont souvent
attribués selon un mécanisme connu de tous. Les personnes qui veulent une plus grande part du gâteau étudient
ce mécanisme et l'exploitent à leur avantage.

Rachel : « Je savais que, si mon collègue Guy obtenait ce
contrat, il aurait la part du lion au moment de la distribution des primes de fin d'année. J'ai donc fait en sorte
que le client choisisse un autre fournisseur. »

4. Des patrons influençables

Certains patrons ne se basent pas sur des critères précis et objectifs (rendement, ponctualité, satisfaction de la clientèle, volume de vente, etc.) pour évaluer le rendement de leurs employés. Ils recourent plutôt à une évaluation subjective, basée sur leur perception ou leur appréciation à l'égard de l'employé évalué.

Le seul rendement au travail ne suffit donc plus pour qu'un employé soit apprécié. Il lui faut devenir **courtisan** ou, du moins, apprendre à gérer son image. L'agneau qui ne le fait pas est voué aux catacombes après sa prochaine évaluation.

5. Le besoin de pouvoir

Certaines personnes ne mesurent pas leur succès en évaluant la qualité de leur travail ou la portée de leurs réalisations mais plutôt en déterminant où elles se situent dans l'organigramme de l'entreprise. Occupent-elles un poste décisionnel ? Peuvent-elles donner des ordres à une flopée de subalternes ? Ont-elles facilement accès au patron ? Si c'est le cas, elles auront le sentiment d'avoir réussi.

Pour ces personnes, il y a trois types de collègues : ceux qui ralentissent leur progression dans l'entreprise, ceux qu'ils peuvent utiliser pour monter dans la hiérarchie, et les autres. Si l'on ne souhaite pas se retrouver dans l'une des deux premières catégories, il vaut mieux identifier les personnes assoiffées de pouvoir le plus rapidement possible et rester à l'affût de leurs comportements.

Bref, si vous ne l'apprivoisez, **la force aura raison de vous.** Où que vous vous situiez sur le continuum politique, vous avez intérêt à faire grandir votre pouvoir et à vous prémunir contre les gestes de vos adversaires, c'est-à-dire ceux qui vous perçoivent comme un concurrent ou comme un faire-valoir.

Qui êtes-vous au travail ? Un acteur de premier plan ou un figurant ? Que souhaitez-vous devenir ? Les prochains chapitres vous aideront à le déterminer.

Les sources de pouvoir

S i la politique au travail peut être définie comme un ensemble de mécanismes qui permettent de répartir le pouvoir dans une organisation, il importe, avant même de s'aventurer dans les coulisses du pouvoir, de comprendre quelles en sont les sources. Ce sera l'objet de ce chapitre.

Demandons-nous tout d'abord si vous entretenez des mythes à propos du pouvoir. Vous êtes-vous déjà fait une des réflexions suivantes ?

➢ C'est plus facile de se faire écouter quand on est le patron.

➢ Il est très difficile d'influencer les autres quand on se trouve au pied de la pyramide.

➢ Si j'avais un poste de direction, je pourrais enfin faire passer mes idées.

S'il vous est arrivé d'entretenir ce genre de réflexion, sachez que vous possédez plus de pouvoir que vous ne le pensez. Au surplus, celui-ci peut grandir sans égard au poste que vous occupez actuellement.

Définissons maintenant les trois types de pouvoir. Par la suite, nous vous présenterons les techniques de base pour faire croître votre influence au travail.

LE POUVOIR DE COERCITION

Utiliser une source de pouvoir qui éveille la peur, c'est recourir au bâton plutôt qu'à la carotte. Il est en effet possible de pousser les autres à agir ou à modifier des comportements si on leur inspire suffisamment de crainte.

Il existe deux manières d'éveiller la peur chez une personne : par les **menaces** ou par les **punitions.** Dans le premier cas, on laisse entrevoir des conséquences désastreuses ; dans l'autre, on explique à la personne qu'un avantage lui sera retiré si elle n'obtempère pas.

La coercition peut tout autant être inspirée par le côté clair que le côté sombre de la force. Elle peut aller de la peine disciplinaire prévue à la convention collective au chantage le plus immonde. Voyons quelques exemples.

« Si la satisfaction de tes clients ne s'améliore pas dans les prochains mois, tu peux dire adieu à ta prime annuelle. »

« Il est bien entendu que, si je devenais directeur des ventes, j'oublierais tout de ta liaison et de tes frasques avec Carl. »

« Il me sera impossible de livrer le rapport à temps si on ne m'accorde pas un budget spécial pour les heures supplémentaires. »

« Je ne couvrirai plus tes absences si tu ne me racontes pas ce qui se passe avec ce client. »

« Si je n'ai pas mon augmentation de salaire dans les plus brefs délais, je devrai remettre ma démission et accepter l'offre de... »

« J'ai pris en note toutes tes agressions des derniers mois. Si elles ne cessent pas immédiatement, je présente ce dossier à la direction et j'exige ton renvoi. Suis-je assez claire ? »

Vous le constatez, le pouvoir de coercition n'est pas l'apanage de la direction. S'il peut punir ou menacer, un subalterne peut également utiliser la coercition. Un simple sous-entendu (« Si tu ne m'aides pas, je pourrais être tenté de révéler certaines choses... ») suffit pour que l'autre s'imagine le pire et accède aux demandes qui lui sont adressées.

Le pouvoir de coercition produit trois effets chez celui qui le subit. Dans un premier temps, si la menace est suffisamment grave et plausible à ses yeux, la personne se plie à ce qui est attendu d'elle.

Dans un deuxième temps, la personne menacée éprouve du ressentiment à l'égard de celle qui a utilisé la coercition. C'est tout à fait normal : l'être humain accorde une grande importance à sa liberté de penser et d'agir, si bien que toute contrainte lui laisse un goût amer.

Dans un troisième temps, pour se libérer de ce ressentiment qui la ronge, la personne voudra **se venger.** Ces représailles pourront alors revêtir plusieurs formes. Voici deux des manifestations les plus fréquentes.

1. Le sabotage. La victime peut être tentée de remettre la monnaie de sa pièce à l'auteur de la menace. Ainsi, un patron dont l'employé aurait profité d'une période de travail intense pour exiger une augmentation de salaire pourrait fort bien lui montrer la porte quand le niveau de production sera revenu à la normale. Une victime pourrait également entacher l'image de son agresseur ou répandre de fausses rumeurs à son sujet. Nous en reparlerons au chapitre 5.

2. La grève du zèle. La personne qui s'est vue contrainte de respecter les règlements peut décider de se mettre à les suivre à la lettre. Cette décision entraînera probablement des délais et des problèmes multiples.

Pour ces raisons, le pouvoir de coercition ne devrait être utilisé **qu'en cas d'urgence,** par exemple si vous n'avez pas le temps de négocier avec l'autre mais que vous lui promettez de faire le point une fois l'incendie éteint. La coercition peut aussi être utile si vous voulez vous débarrasser de quelqu'un qui vous nuit intentionnellement ou qui tente de faire de vous un bouc émissaire.

LE POUVOIR DE CONTREPARTIE

Le pouvoir de contrepartie consiste à offrir quelque chose qui a de la valeur aux yeux de l'autre en échange de ce que vous souhaitez obtenir. Plus ce que vous avez à offrir compte pour l'autre, plus vous êtes puissant. Ici, c'est la carotte qui est utilisée plutôt que le bâton. Ce type de pouvoir peut prendre six formes.

1. La récompense

Êtes-vous en mesure de récompenser la personne qui répond par l'affirmative à votre requête ? Si vous pouvez lui offrir une journée de congé, un boni ou une augmentation de salaire, elle sera sûrement disposée à vous dire oui.

Souvent, même les récompenses intangibles suffisent. Un simple merci ou des félicitations encouragent l'autre à répéter les comportements que vous souhaitez le voir adopter. Dans le même ordre d'idées, bien des travailleurs ont besoin de se faire confirmer que leurs tâches sont bien effectuées. Devenez la personne qui le leur dira jour après jour et ils ne tarderont pas à sentir qu'ils vous doivent quelque chose. À ce moment, vous pourrez les soulager de cette tension de réciprocité en leur demandant un service.

Pour utiliser la récompense, vous devez découvrir ce qui intéresse les personnes que vous comptez influencer et faire en sorte de pouvoir le leur offrir.

2. Le statut

Un subalterne qui tente de plaire à un supérieur dans l'organisation s'attend généralement à y gagner quelque chose à court ou à moyen terme, comme une promotion, des privilèges, etc. Si vous jouissez d'un statut élevé dans une organisation, les gens auront tendance à vous obéir. Ainsi, les ordres provenant d'un supérieur hiérarchique sont davantage respectés que ceux d'un collègue ou d'un subalterne.

Vous pouvez donc faire grandir votre pouvoir en grimpant dans la hiérarchie ou en donnant l'impression d'être promis à un brillant avenir dans l'entreprise. S'il est par exemple notoire que vous avez soupé avec la patronne la semaine précédente (même s'il ne s'agissait, dans les faits, que d'un souper réunissant les membres de la chambre de commerce), vous serez auréolé d'un certain statut. Il en va de même si, en demandant un service à un collègue, vous glissez que le patron sera content d'apprendre que vous avez obtenu sa participation.

3. L'expertise

Votre pouvoir augmente quand vous êtes le seul détenteur d'un savoir nécessaire à l'organisation. Voyons quelques exemples.

➢ Manon : « Nous avons plusieurs clients sud-américains, et je suis la seule qui parle l'espagnol au bureau. S'il y avait une rationalisation, je ferais sûrement partie des survivants. »

➢ Alain : « Je suis le seul employé de l'entreprise à connaître ce langage de programmation. C'est donc vers moi qu'on se tourne quand un besoin particulier se fait sentir. »

➢ Louis : « Je sais m'y prendre avec les clients en colère. J'ai maintes fois sorti mes collègues de situations qui leur semblaient impossibles à résoudre. Ils savent qu'ils me sont redevables. »

Pour faire grandir votre expertise, demandez-vous quel savoir est ou sera bientôt indispensable à votre organisation. Lorsque vous aurez cerné les connaissances qui vous font défaut, travaillez à les acquérir.

4. L'accès à l'information

Êtes-vous en mesure de contrôler l'accès à l'information dans votre organisation ? Si vous êtes la seule personne au courant des commandes en cours ou des exigences d'un client, votre pouvoir relatif augmente parce que les autres ont besoin de vous. Dans le même sens, si vous gérez l'emploi du temps de votre patron, vos collègues ont besoin de vous pour atteindre leur supérieur. Vous pouvez tout aussi bien leur obtenir un rendez-vous pour le lendemain... ou dans deux mois. Vous avez donc ce qu'il faut pour exiger une contrepartie de celui à qui vous procurez un accès rapide au patron.

5. La conjoncture

Le leadership change souvent de main en situation de crise. Les statuts et les titres ne comptent plus. Tous se tournent vers la personne capable d'assurer un retour à la normale. Si vous êtes cette personne, vous compterez désormais de nombreux débiteurs.

Il arrive même que, pour faire grandir leur pouvoir et augmenter le nombre de personnes qui leur sont redevables, ceux qui ont été attirés par le côté sombre de la force provoquent intentionnellement des crises. Nous verrons comment ils s'y prennent au chapitre 5.

6. Le réseau

Un vendeur travaillant chez un concurrent pourrait-il vous parler de ce qui se passe là-bas ? Comptez-vous, parmi vos amis, le maire de la municipalité ? Pourriez-vous tirer profit de ce contact privilégié au moment où votre entreprise demande un changement de zonage ? Vos relations professionnelles vous permettent-elles de mettre en garde la direction de l'entreprise contre des menaces imminentes ? Êtes-vous le fils du patron ?

Dans tous ces cas, votre pouvoir grandit parce que vous avez des **contacts** que les autres n'ont pas. Le pouvoir du réseau permet d'échanger l'accès à des personnes (ou à leur savoir) contre des ressources, des considérations éventuelles.

Pour faire grandir cette forme de pouvoir, vou. **réseauter,** c'est-à-dire élargir votre cercle de conn. sances et entretenir de bonnes relations avec le plus de gens possible. Impliquez-vous dans votre association professionnelle. Discutez avec les fournisseurs, les clients ou les concurrents. Faites en sorte de savoir ce qui se passe dans votre industrie.

Les six formes de pouvoir de contrepartie que vous venez de voir ont de grands avantages par rapport au pouvoir de coercition : elles ne provoquent pas le ressentiment ni n'encouragent les représailles. Il reste tout de même deux inconvénients.

Leur caractère est éphémère. Le pouvoir de contrepartie vous permet certes d'exercer une emprise sur quelqu'un, mais ce pouvoir reste de courte durée. Dès que la contrepartie aura été offerte ou qu'elle aura perdu de la valeur aux yeux de l'autre, votre pouvoir deviendra caduc. Par exemple, dès que vous aurez obtenu le changement de zonage en usant de votre influence auprès du maire, le besoin pour l'entreprise sera satisfait, et votre pouvoir disparaîtra.

Le malaise est possible. Certaines personnes détestent avoir une dette envers quelqu'un. La tension de réciprocité les rend mal à l'aise et, une fois endettées, elles peuvent vous éviter plutôt que de vous renvoyer l'ascenseur.

LE POUVOIR LIÉ À L'AFFILIATION

Il existe heureusement un autre type de pouvoir qui ne repose ni sur l'utilisation du bâton ni sur le recours à la carotte. Durable, il n'entraîne ni ressentiment ni représailles. Ce pouvoir se bâtit lentement, au fil des interactions, et repose sur le **charisme,** la **crédibilité** et la **confiance.**

La personne qui jouit du pouvoir d'affiliation constate que les autres ont envie d'être près d'elle, de participer à ses réalisations et de répondre favorablement à ses requêtes. Contrairement à la coercition ou à la contrepartie, ce pouvoir vous est conféré par ceux-là mêmes que vous tenterez d'influencer. Les chapitres 3 et 4 vous aideront à développer votre pouvoir d'affiliation.

Idéalement, le pouvoir d'affiliation est le seul que vous utiliseriez. Pourtant, vous devrez occasionnellement utiliser le pouvoir de coercition ou le pouvoir de contrepartie, puisque l'affiliation s'acquiert avec le temps et que certaines personnes ont choisi le côté sombre de la force.

LE DÉBUT D'UNE CAMPAGNE POLITIQUE

À partir d'ici, ayez à l'esprit un projet à réaliser au travail ou un objectif personnel à atteindre. C'est de lui que découleront les requêtes et les demandes d'aide que vous adresserez à vos collègues. Si vous n'avez aucun objectif précis lié à votre travail, lisez *Pourquoi travaillez-vous ?*, de cette même collection.

D'abord, recopiez le tableau suivant dans un cahier. Consacrez une page à chacune des personnes que vous voudrez influencer.

Mon objectif : _____
Nom de la personne : _____
Que pourrait-elle faire pour m'aider ? _____
Que pourrait-elle faire pour me nuire ? _____

TYPES DE POUVOIR	SITUATION ACTUELLE	COMMENT LE FAIRE GRIMPER ?
Coercition		
Contrepartie		
Récompense	_____	_____
Statut	_____	_____
Expertise	_____	_____
Accès à l'information	_____	_____
Conjoncture	_____	_____
Réseau	_____	_____
Affiliation	_____	_____

Dans la section supérieure du formulaire, notez votre objectif et le nom de la personne à influencer. Inscrivez ensuite ce que cette personne pourrait faire pour vous aider à atteindre votre objectif et ce qu'elle serait en mesure de faire pour vous nuire. Si elle ne peut ni vous aider ni vous nuire, cessez la démarche et passez à quelqu'un d'autre.

Prenons l'exemple de Pierre, qui aspire à devenir directeur des ventes étant donné que le titulaire de ce poste prendra sa retraite dans six mois. Il compte influencer Johanne, une proche collègue de Maurice, son principal concurrent pour l'obtention du poste de direction. Johanne pourrait se révéler une importante source d'information pour Pierre.

Dans la deuxième colonne de la section inférieure du tableau, évaluez sur une échelle de 0 à 10 dans quelle mesure vous pouvez utiliser ce type de pouvoir avec cette personne.

Dans la troisième colonne, indiquez quels gestes vous pourriez faire pour faire grimper votre pouvoir aux yeux de la personne à influencer. Par exemple, Pierre pourrait promettre une récompense à Johanne si elle l'aidait à gravir les échelons. Que dirait-elle d'un meilleur territoire ?

Dans les prochains chapitres, nous continuerons la démarche tout en suivant Pierre.

CHAPITRE 3

Votre image

Vous connaissez sûrement les expressions « On ne peut pas juger un livre par sa couverture » ou « L'habit ne fait pas le moine ». Ces expressions sont fondées, mais vos collègues y croient-ils ? Voyons deux exemples.

➤ Danielle : « J'ai dit au client que le mobilier était en chêne, mais il m'a contredite en pointant le mot *merisier* sur l'étiquette. Je lui ai expliqué que nous n'avions pas eu le temps de corriger l'erreur d'étiquetage que nous avions faite, mais il a renchéri en me disant qu'il préférait croire ce qui était écrit. Pour lui, ce mobilier était en merisier ! »

➤ Denis : « J'ai déposé Diane chez elle après le party de bureau parce qu'elle était trop éméchée pour conduire sa voiture. Il ne s'est rien passé entre nous, mais, le lendemain, les rumeurs couraient déjà. On racontait que nous avions eu une aventure. »

Force est de constater qu'au travail **le contenant prime souvent sur le contenu.** En ce sens, si vous gérez votre image de façon professionnelle, vous augmentez votre pouvoir relatif et vos chances d'avancement. **Les gens croient ce qu'ils voient.** Feriez-vous confiance à un conseiller financier qui vous recevrait vêtu d'une chemise de chasse et de grosses bottes de caoutchouc ? Il est probable que vous ne lui confieriez pas vos économies.

Si vous ne donnez pas l'impression de mériter de plus grands défis, on ne vous en suggérera pas. Si on craint que vous ternissiez l'image de l'entreprise en dînant avec un client, vous ne serez jamais mandaté pour le faire. Si on doute de votre jugement, vous resterez un exécutant.

Voyons comment vous pouvez, dès aujourd'hui, améliorer votre apparence, votre professionnalisme et votre réputation.

VOTRE APPARENCE

Votre outil de travail le plus important, c'est **vous-même.** Dès les premières secondes d'une rencontre, avant même que vous ayez ouvert la bouche, votre interlocuteur se fait une idée de votre compétence, de votre éducation, de la confiance qu'il peut avoir en vous, de votre condition socioéconomique et de vos habiletés interpersonnelles. D'ailleurs, une étude menée à l'Université du

Connecticut montre que ce jugement se révèle juste dans les deux tiers des cas. Quoi qu'il en soit, il importe de donner une bonne impression dès les premiers instants.

1. Vos vêtements

Vos vêtements correspondent-ils à l'image que vous souhaitez projeter ? Avez-vous **l'air** de ce que vous prétendez être ?

Jetez un coup d'œil autour de vous et tentez de percer le code vestimentaire que respectent ceux à qui on confie les mandats que vous souhaiteriez obtenir. Vous souhaitez une promotion ? Portez alors ce que portent les titulaires des postes que vous visez, sans tenter de les surpasser. Vos vêtements ne devraient pas vous voler la vedette. C'est vous que les décideurs doivent remarquer. S'ils ne voient que votre décolleté ou vos biceps, ils n'entendront pas ce que vous avez à dire.

Vos vêtements doivent faire la preuve de votre souci du détail. S'ils sont tachés ou défraîchis, ou si leur style est complètement dépassé, on ne vous enverra jamais négocier avec les clients les plus importants.

2. Votre corps

Selon le soin que vous portez à votre corps, les gens seront attirés ou rebutés par vous.

Gardez-vous en forme. On évite souvent les personnes qui semblent malades pour ne pas se sentir coupable d'être en santé. Votre corps constitue un important outil de travail ; entretenez-le !

De même, assurez-vous que rien d'agaçant n'émane de vous. Un morceau de brocoli entre les dents, un tic verbal ou une odeur corporelle envahissante auront tôt fait d'éloigner ceux dont vous aurez besoin pour conclure des alliances et pour vous tailler une place dans l'organisation. N'hésitez pas à demander l'avis d'une personne de confiance en ce qui concerne votre apparence.

3. Votre présence

Refaites mentalement le parcours qui vous a conduit hier à votre espace de travail et dressez la liste de toutes les personnes que vous avez rencontrées. Tentez de vous remémorer chacune de ces personnes et inscrivez un ou deux traits qui les distinguent. Que retirez-vous de cet exercice ? Il vous est sans doute plus facile de revoir mentalement certaines personnes, tandis que le souvenir d'autres vous revient plus difficilement. Leur empreinte dans votre mémoire est diffuse ; il est même probable que vous n'arriviez pas à vous les rappeler.

Il y a des gens qu'on voit et d'autres qu'on ne voit pas. Ce qui fait qu'on remarque quelqu'un au travail, c'est sa **présence professionnelle.** Essentielle au succès, la présence professionnelle est la **capacité de faire croître l'énergie** dans une pièce. Parce qu'elle communiquera aux autres le fait que vous êtes à votre place et que vous savez où vous allez, cette énergie fera grandir votre pouvoir auprès de ceux que vous côtoyez. Voici les facteurs qui vous aideront à faire grandir votre présence professionnelle.

Votre posture

Donnez-vous l'impression d'être à votre place en pénétrant dans une pièce ? Si vous rasez les murs sans saluer les personnes qui occupent déjà les lieux, vous leur communiquez l'impression que vous êtes là par erreur et qu'ils n'ont pas à s'occuper de vous.

Voilà un point sur lequel votre mère avait raison : tenez-vous droit ! Marchez d'un pas assuré et saluez les gens que vous croisez. Vous n'êtes pas un imposteur ni un messager perdu dans les longs corridors de l'entreprise. Vous avez le droit d'être là, et les autres doivent sentir que vous êtes à votre place.

Votre regard

Un regard fuyant laisse toujours l'impression que vous n'êtes pas certain de ce que vous avancez ou que vous avez quelque chose à cacher. Il n'y a rien là qui puisse faire grimper votre pouvoir relatif.

Regardez les gens dans les yeux quand vous les croisez ou leur parlez. Toutefois, ne les dévisagez pas. Un contact visuel dure de quatre à sept secondes – le temps de percevoir la couleur des yeux – et ne devrait pas intimider l'autre.

Votre sourire

Le sourire constitue le meilleur outil pour démontrer votre assurance. La personne qui sourit communique l'impression d'être sûre d'elle et le fait qu'elle est contente d'être en présence de ses interlocuteurs.

Votre poignée de main

Votre poignée de main devrait être ferme sans devenir un étau. Si votre main est flasque ou moite, vous ferez mauvaise impression. Une bonne poignée de main ne dure que quelques secondes, et vous n'avez pas à couvrir de votre autre main celle de votre interlocuteur. Si vous êtes un homme et que vous faites face à une femme, certains prétendent que c'est à elle de décider si la poignée de main sera accompagnée d'une bise.

Votre voix

Une voix chevrotante ou hésitante dit à votre interlocuteur que vous doutez de ce que vous avancez et qu'il faut prendre vos paroles avec des pincettes. Parlez d'une voix posée. Faites une pause quand vous ne savez pas quoi dire et, quand vous énoncez ce qui doit être perçu comme une vérité, ne terminez pas la phrase en élevant le ton comme s'il s'agissait d'une question.

Votre écoute

L'expression « présence professionnelle » sous-entend que vous êtes **bien présent** quand un collègue, un employé ou un patron vous parlent. Si vous ne prêtez pas attention à ce qu'ils disent, ils cesseront rapidement de vous parler... et de vous écouter à leur tour. Pratiquez l'écoute active, qui montre à votre interlocuteur que vous le respectez, que vous souhaitez entendre ce qu'il a à dire et qu'il peut vous faire confiance. Et rappelez-vous qu'écouter les autres, c'est faire grandir son pouvoir d'affiliation.

L'importance de vos propos

Une personne digne de confiance parle quand c'est important et se tait quand elle n'a plus rien à dire. Vous pouvez quand même, à l'occasion, aborder des sujets frivoles pour le simple plaisir d'établir le contact avec votre interlocuteur. Vous devez toutefois savoir quand arrêter de lui faire perdre son temps ou lui faire comprendre, le plus gentiment possible, qu'il vous fait perdre le vôtre.

Rappelez-vous que les gens que vous côtoyez au travail sont payés pour y être et qu'ils ont des tâches à accomplir. Si vous vous présentez dans le bureau d'un collègue pour le simple plaisir de parler de la température, vous le contraignez peut-être à étirer ses journées pour terminer le travail en cours. Si c'est le cas, il s'en souviendra longtemps et tentera de vous éviter la prochaine fois.

VOTRE PROFESSIONNALISME

Vous pouvez bien posséder tous les diplômes possibles, si vous n'êtes pas perçu comme compétent, les gens ne vous feront pas confiance. La compétence d'une personne se perçoit grâce à différents paramètres. Ceux qu'utilisent le plus souvent vos collègues pour juger de votre compétence au travail sont les suivants.

1. La ponctualité

Jadis la politesse des rois, la ponctualité est aujourd'hui le propre de tous ceux qui souhaitent démontrer du respect envers les personnes qu'ils doivent rencontrer. En vous présentant en retard à un rendez-vous, vous risquez de passer pour un individu peu fiable aux yeux de votre vis-à-vis.

2. Le souci du détail

Un vrai professionnel livre de la qualité dans tout ce qu'il fait, que son travail soit destiné à la direction ou à un pair. Il ne tourne pas les coins ronds et s'assure de l'exactitude des données qu'il présente.

3. Un désir constant d'apprendre

Parce qu'il sait qu'on n'a jamais fini d'apprendre, un vrai professionnel recherche activement les nouvelles occasions d'apprentissage. Il ne laisse jamais sous-entendre qu'il sait tout, qu'il a tout vu, tout fait. Dans l'incertitude, on se tourne naturellement vers lui, car on sait que ses connaissances sont à jour.

4. La discrétion

Un vrai professionnel est fier de la confiance que les autres lui témoignent et il ne colporte pas les problèmes vécus par un collègue. Dans le même ordre d'idées, il reste à l'affût des rumeurs – surtout que la moitié d'entre elles sont vraies –, mais il ne les répand pas. Il sait que les ennemis les plus dangereux sont souvent ceux qu'on désigne par erreur ou par incompétence.

5. La capacité de dire non

Le vrai professionnel tient à sa réputation de fiabilité et il sait que s'il accepte trop de mandats, il ne pourra tous les mener à terme. En conséquence, il a appris, de manière diplomatique, à dire non aux nombreuses requêtes qui lui sont adressées. Pour en savoir plus à ce sujet, consultez *Glissez sur le temps*, un autre guide de la collection **S.O.S. BOULOT.**

6. La maîtrise des émotions

Même quand il bouillonne intérieurement, un professionnel ne perd pas les pédales et sait contrôler ses émotions (à moins qu'il ne mette en œuvre une tactique que nous verrons au chapitre 5). Il fait ainsi la preuve qu'il ne peut pas supporter la pression.

7. L'équité

Un professionnel évalue le travail de ses amis et celui des autres personnes **sur une même base.** Il traite tout le monde de manière équitable et s'attire ainsi le respect.

VOTRE RÉPUTATION

Au début de ce chapitre, nous avons insisté sur l'importance de faire bonne impression pendant les premières
secondes d'une rencontre. Cependant, il arrive que vos
interlocuteurs se soient fait une idée sur vous avant
même de vous rencontrer. Dans ce cas, votre réputation
vous a précédé.

Votre réputation, c'est l'image que vous éveillez dans
l'esprit des gens quand ils se remémorent ce qu'ils savent
de votre apparence, de votre présence et de votre professionnalisme. Une bonne réputation constitue un **élé-
ment essentiel** pour faire grandir son pouvoir d'affiliation. Autant cet actif se constitue lentement, autant il est
facile à perdre.

La meilleure façon de préserver sa bonne réputation consiste à suivre les conseils présentés dans ce chapitre et à
ne pas jouer la carte de la fausse modestie quand vous
faites un bon coup. Mais comment faire connaître vos
succès sans passer pour un vantard ? Voici quelques trucs.

Parlez de vos bons coups avec un ami près de la machine
à café, du photocopieur ou dans l'ascenseur, là où les
oreilles indiscrètes se trouvent aussi. La nouvelle ne manquera pas de circuler.

Si vous vous êtes plié en quatre pour combler un client et
qu'il vous fait part de sa satisfaction, demandez-lui de

faire parvenir une lettre de remerciement à votre supérieur immédiat.

Si vous représentez l'entreprise auprès d'un client ou d'une association, assurez-vous qu'une photo soit prise et faites-la parvenir, accompagnée d'un communiqué ou d'une légende, à la rédaction du journal interne.

Demandez à un allié (nous traiterons de la création d'alliances dans le prochain chapitre) de faire connaître vos bons coups à certaines personnes influentes.

Si on vous félicite pour un travail réalisé en collaboration avec d'autres collègues, n'oubliez pas de mentionner publiquement l'apport important des membres de votre équipe ; si possible, nommez-les. Vous vous assurerez ainsi de leur participation à un mandat éventuel et votre réputation de joueur d'équipe grandira encore davantage.

En somme, **ne soyez pas modeste.** Si vous taisez vos bons coups, quelqu'un d'autre s'en attribuera le mérite. Avez-vous vraiment envie de servir de tremplin à un collègue qui se préoccupe peu de vous ?

LES FRUITS D'UNE BONNE IMAGE

Que vous soyez col bleu ou col blanc, nouveau dans l'entreprise ou jouissant d'une bonne ancienneté, syndiqué ou non, vous y gagnerez sur plusieurs plans en gérant mieux votre image professionnelle. Voici les principaux bénéfices auxquels vous pouvez vous attendre.

Le respect et la confiance que vos collègues, vos employés ou vos supérieurs ont à votre égard grandiront.

Au fil de vos succès, votre pouvoir d'affiliation croîtra et les gens auront envie de faire partie de votre équipe.

Plus visible, vous serez susceptible de vous voir confier des mandats importants.

Parce que votre opinion aura plus de poids, vous pourrez vous permettre de choisir parmi les mandats qu'on vous offre.

Bref, vous serez en bonne position pour toujours faire croître votre pouvoir relatif et pour atteindre les objectifs qui vous tiennent à cœur.

CHAPITRE 4

Le côté clair de la force

Dans les pages suivantes, nous vous présentons les pratiques de base qui vous permettront d'obtenir des promotions. Toutefois, une condition s'impose : **il faut que l'avancement vous intéresse** ! À noter que les mêmes techniques vous serviront si vous souhaitez autre chose qu'une promotion, par exemple un plus grand budget, une augmentation de salaire ou un nouvel horaire de travail. Pour tirer profit de ce qui suit, vous devez avoir un objectif personnel lié au travail.

Il est beaucoup plus facile, dès que vous gérez bien votre image, d'obtenir ce que vous souhaitez dans l'organisation. Pour y arriver, vous tisserez des alliances avec ceux qui partagent vos intérêts, vous apprendrez à leur demander ce dont vous avez besoin, vous impressionnerez la direction et vous continuerez à faire grandir votre pouvoir relatif.

LA FORMATION D'ALLIANCES

Nul ne peut s'imposer seul dans une organisation. Ne penser qu'à soi et rêver de se tailler une place en faisant fi de l'entourage relève de la science-fiction. Pour atteindre vos objectifs, vous aurez besoin d'alliés fidèles.

Alors, qui choisir ? Vous ne pouvez pas proposer des alliances à tout le monde ; s'il fallait que des ennemis potentiels fassent partie des gens que vous pressentez... C'est ici qu'entrent en jeu les deux caractéristiques qui vous aideront à reconnaître vos meilleurs alliés, soit la **qualité de la relation** et la **convergence des intérêts.**

Commencez par dresser la liste des personnes qui pourraient, de près ou de loin, jouer un rôle (positif ou négatif) dans l'atteinte de votre objectif. Reportez ensuite ces noms dans un tableau en évaluant grâce à une échelle de 0 à 10, pour chaque personne, la qualité de votre relation (0 représentant une aversion, 10 représentant une grande amitié). Pour vous aider à quantifier, pensez à la chaleur de vos interactions, aux souvenirs que vous partagez ou à vos champs d'intérêt communs.

Voici le tableau que Pierre, ce personnage en quête d'une promotion que nous vous avons présenté à la fin du chapitre 2, a rempli.

Nom du collègue	Qualité de la relation
Rachel	6
Maurice	2
Johanne	8
Louis	4

Pierre entretient une excellente relation avec Johanne. Ils mangent ensemble un midi sur deux et, avec le temps, ils ont développé une belle complicité. Sa relation, bien que plus formelle, est également bonne avec Rachel. La qualité de sa relation avec Louis est plutôt neutre ; ils se parlent rarement. Finalement, ses contacts avec Maurice sont difficiles. Ils ne partagent pas la même vision de l'avenir de l'entreprise et ils s'adressent régulièrement, sous le couvert de l'humour, des remarques désobligeantes.

La qualité de la relation n'est pas la seule caractéristique qui vous permette de reconnaître vos alliés potentiels. Pour qu'une personne accepte de vous aider à atteindre votre objectif, il faut également **qu'elle y trouve son compte,** donc il faut que vos intérêts convergent.

Reportez maintenant le nom de vos collègues dans un second tableau où vous noterez à quel point vos intérêts convergent, 0 représentant une divergence totale et 10 représentant une convergence absolue.

Voici comment Pierre s'y est pris pour remplir son tableau : « Rachel semble souhaiter que Maurice obtienne la promotion. Ils sont souvent ensemble pendant les pauses. Je lui ai donné 4. Maurice souhaite le poste et il n'a pas du tout envie que ce soit moi qui l'obtienne : 2. Johanne sait que ses propres chances de promotion grimperont si j'obtiens le poste : 8. Louis veut qu'on le laisse travailler en paix, que personne n'empiète sur son territoire. Je suis en mesure de le lui promettre et, pour cette raison, je lui donne 6. »

Nom du collègue	Convergence des intérêts
Rachel	4
Maurice	2
Johanne	8
Louis	6

Une fois que vous avez situé vos collègues sur ces deux dimensions, vous êtes en mesure de leur assigner l'une ou l'autre des étiquettes suivantes : allié, indifférent, membre de l'opposition ou adversaire. Reportez leurs noms dans le graphique suivant.

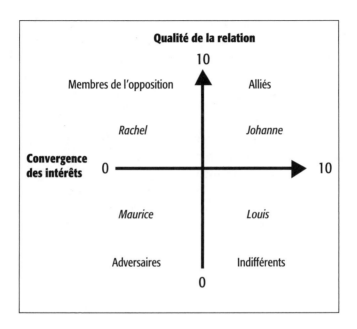

Selon le quadrant où elle se trouve, chaque personne appelle une stratégie différente.

L'allié partage vos intérêts et vous jouissez déjà d'une bonne relation avec lui. Quand vous aurez des faveurs à demander, l'allié sera facile à convaincre. Johanne, par exemple, n'hésitera pas à aider Pierre parce qu'elle y gagnera éventuellement.

L'indifférent partage aussi vos intérêts, mais il ne vous apprécie pas particulièrement. Pourquoi Louis favoriserait-il Pierre aux dépens de Maurice ? Afin de gagner la faveur de Louis, Pierre devra améliorer la qualité de sa relation avec ce dernier. De cette manière, il arrivera à le faire glisser dans le quadrant des alliés.

Un membre de l'opposition vous aime bien, mais il n'a rien à gagner si vous atteignez votre objectif. Dans ces conditions, pourquoi vous aiderait-il ? Afin de le lancer dans l'action, vous devrez lui trouver une raison de vous donner un coup de main. C'est ce que fera Pierre en promettant à Rachel de ne pas interférer dans sa sphère d'influence s'il est promu. Il tirera ainsi sa collègue dans le quadrant des alliés.

Les intérêts de **l'adversaire** diffèrent des vôtres. Au surplus, votre relation avec lui n'est pas très bonne. L'adversaire représente donc le plus grand défi. Si vous n'avez rien à lui offrir en échange de son aide, et que vous n'arrivez pas à améliorer la qualité de votre relation, vous n'aurez plus que ces trois possibilités.

1. Lui concéder la victoire en obtenant en échange la promesse de son appui durant le prochain combat que vous voudrez gagner. Quand une bataille plus importante se pointe à l'horizon, cette option peut être avantageuse.

2. User de votre influence pour gagner la partie sans avoir recours à son intervention, en le contournant.

3. Recourir au côté sombre de la force pour écraser cet adversaire. Nous traiterons de cette stratégie dans le prochain chapitre.

Si jusqu'à maintenant vous avez joué les agneaux sacrificiels, vous compterez sans doute beaucoup plus de collègues dans les quadrants inférieurs que dans les quadrants supérieurs du graphique. Au fur et à mesure que vous appliquerez les conseils présentés au chapitre 4, votre image et votre attitude s'amélioreront, si bien que vos collègues passeront dans les quadrants supérieurs.

La formation d'alliances avec vos collègues sera plus facile si vous intégrez les gestes et les comportements suivants.

---

1. Souriez à vos collègues.

2. Saluez-les à leur arrivée.

3. Trouvez-vous des points communs.

4. Remerciez-les quand l'occasion se présente.

5. Invitez-les à faire partie de votre équipe.

6. Participez aux activités qu'ils organisent.

7. Intéressez-vous à ce qu'ils font.

8. Demandez-leur comment vous pourriez leur être utile.

9. Complimentez-les quand l'occasion se présente.

10. Invitez-les à dîner.

11. Demandez-leur conseil.

12. Écoutez-les pendant les réunions.

13. Soulignez leur anniversaire.

14. Soyez enthousiaste s'ils vous demandent de l'aide.

15. Prenez vos pauses avec eux.

Finalement, pour vous faire apprécier de vos collègues, **évitez de vous les mettre à dos** ! Ne relevez pas leurs erreurs en public, ne tentez pas de leur vendre des billets de tirage ou des tablettes de chocolat, ne vous assoyez pas sur leur bureau quand vous leur rendez visite, ne leur faites pas perdre leur temps, ne volez pas leurs idées, ne leur empruntez pas d'argent, n'utilisez pas leur espace de travail en leur absence, ne mettez pas sur leur dos votre retard dans un mandat, etc.

Si vous gérez mal votre relation avec un collègue, celui-ci glissera lentement vers les quadrants inférieurs. Vous n'avez pas besoin d'un plus grand nombre d'indifférents ou d'adversaires dans votre entourage.

APPRENDRE À DEMANDER

Vous avez reconnu les collègues susceptibles de vous aider à atteindre votre objectif et vous les avez position-nés en fonction de la qualité de votre relation et de la convergence de vos intérêts respectifs. Il vous reste à leur expliquer ce que vous attendez d'eux.

Retenez qu'ils ne pourront pas vous être d'un grand se-cours si vous-même ignorez ce que vous attendez d'eux. Comment s'inscrivent-ils dans votre stratégie globale ? Que voulez-vous tirer d'eux et pourquoi ? Tant que vous n'aurez pas répondu à ces questions, il sera inutile de leur demander quoi que ce soit. **Une intention claire constitue un préalable à la persuasion.**

Dès que vous savez quoi demander à un collègue, chaussez ses souliers et entrevoyez la situation avec ses yeux. Que gagnera-t-il s'il vous dit oui ? Qu'avez-vous à lui offrir en contrepartie ? Comptez-vous lui rappeler ce que vous avez fait pour lui par le passé, lui offrir des privilèges sur-le-champ ou lui promettre une récompense éventuelle ?

Par exemple, Pierre veut demander à Johanne de garder les yeux bien ouverts et de le tenir au courant des faits et gestes de Maurice. En contrepartie, il lui garantit un meilleur territoire dès qu'il sera en poste. Pierre fait donc une promesse qu'il n'est pas en mesure d'honorer pour l'instant.

Alors, comment susciter un appui ? Cela dépend de votre **pouvoir** par rapport à la personne dont vous avez besoin.

Si vous jouissez d'un certain pouvoir d'affiliation par rapport à votre vis-à-vis, ce dernier est probablement un allié qui vous fait déjà confiance. Bien souvent, vous n'aurez qu'à lui expliquer ce que vous attendez de lui et à lui confirmer qu'il saura être à la hauteur de vos attentes. Fier de la confiance que vous lui démontrez, il se lancera dans l'action.

Si votre pouvoir d'affiliation est faible par rapport à cette personne, vous devez plutôt utiliser la contrepartie. C'est ce que prévoit faire Pierre à l'égard de Johanne. Dans ce cas, la demande se fera en plusieurs étapes.

➜ *Première étape : la mise en contexte*
Expliquez à l'autre personne pourquoi vous avez besoin d'elle. Par exemple, Pierre pourrait dire à Johanne : « Comme tu le sais, notre directeur des ventes prendra sa retraite dans six mois, et j'aimerais bien obtenir ce poste quand il deviendra vacant. Le problème, c'est que Maurice est en lice. Il se peut aussi qu'on embauche quelqu'un de l'extérieur. »

➜ *Deuxième étape : la requête*
Présentez ensuite votre requête en termes simples, faciles à comprendre. Pierre poursuivrait ainsi : « J'aimerais que tu aies Maurice à l'œil et que tu m'informes s'il cherche à me nuire. »

➜ *Troisième étape : la récompense*
Faites ensuite la preuve que l'autre sortira gagnant si vous atteignez votre objectif. Pierre : « Naturellement, si j'obtiens le poste, j'en ferai profiter les collègues que j'apprécie dans l'organisation. Que dirais-tu d'un meilleur territoire ? »

➜ *Quatrième étape : la période de réflexion*
À ce moment, votre vis-à-vis peut vous dire oui tout de suite, exiger un autre avantage en contrepartie ou vous faire part de son hésitation. Dans la majorité des cas,

vous aurez avantage à lui suggérer une période de réflexion et à l'inviter à fixer votre prochaine rencontre.

Prenez garde d'être trop insistant : vous risquez d'entacher votre relation avec cette personne. Respectez son besoin de réflexion.

➜ *Cinquième étape : la conclusion*
Au bout du compte, la personne vous répondra par oui ou par non. Quelle que soit sa réponse, **ne coupez pas les ponts.** Si elle refuse de vous aider, remerciez-la de vous avoir écouté et dites-lui que vous respectez sa décision. Si elle accepte de vous donner un coup de main, remerciez-la et assurez-la de votre reconnaissance.

Si vous n'avez aucun pouvoir d'affiliation ni aucun pouvoir de contrepartie, vous devrez vous résoudre à utiliser le pouvoir de coercition. Dans ce cas, vous suivrez la même série de cinq étapes, mais vous remplacerez la récompense (troisième étape) par la menace. Pierre : « Voici ce qui se passera si je n'obtiens pas la direction des ventes. » Si ce n'est pas assez, vous pourrez avoir recours au côté sombre de la force.

IMPRESSIONNER LA DIRECTION
Pour obtenir ce que vous souhaitez dans l'entreprise, vous aurez besoin du soutien de votre patron. Ce sujet est tellement important que nous lui avons consacré le premier guide de la collection **S.O.S. BOULOT,** *Gérez votre patron*.

Sachez pour l'instant que, selon Phil Porter, auteur du livre *Eat or Be Eaten: Jungle Warfare for the Master Corporate Politician,* un patron se pose ces quatre questions avant d'offrir une promotion à un employé.

1. Est-ce que je m'entends bien avec cette personne? Est-elle loyale? Est-ce que je l'apprécie?

2. Respecte-t-elle les règles informelles en vigueur?

3. Peut-elle faire le travail? Est-elle compétente?

4. S'entend-elle bien avec les autres? Peut-elle superviser un groupe?

FAIRE GRANDIR SON POUVOIR RELATIF

L'atteinte de vos objectifs sera facilitée si vous continuez à faire grandir votre pouvoir dans l'organisation. Voici 10 trucs pour y arriver.

1. Réseautez

Quittez votre bulle. Sortez, faites des rencontres, discutez! Plus vous rencontrez de gens, plus vous avez l'occasion d'apprendre ce qui se passe dans votre industrie; plus vous entrez en contact avec des personnes influentes, plus vous augmentez vos chances de recevoir des offres d'emploi. Ce faisant, votre réseau grandira au même rythme que votre expertise et votre valeur sur le marché.

2. Devenez marchand de friandises

Laissez sur votre bureau un bol de friandises (bonbons, arachides, graines de tournesol, etc.). Très rapidement, vos collègues commenceront à faire de petits détours pour s'approvisionner et vous informeront, en contrepartie, sur ce qui se passe dans la boîte. C'est ainsi que vous serez au fait des moindres rumeurs et des bévues de vos pairs.

3. Investissez dans vos collègues

Si vous pouvez utiliser votre pouvoir actuel pour rendre service aux autres, ils vous en « devront une ». Par exemple, si un employé se plaint de n'avoir pas obtenu un congé et que vous êtes capable de faire renverser la décision, dites-lui que vous tenterez de l'aider.

4. Continuez à apprendre

Anticipez quelle compétence sera bientôt essentielle à l'évolution de l'organisation et entreprenez votre apprentissage dès aujourd'hui. Soyez prêt quand on aura besoin de vous.

5. Prenez part activement aux réunions

Au lieu de soupirer ou de rêvasser pendant les réunions, faites en sorte qu'on vous remarque. Prenez des notes quand les personnes que vous souhaitez impressionner prennent la parole. Écoutez activement ce que les participants ont à dire. Posez des questions qui mettent les autres en valeur et efforcez-vous d'être succinct quand vous prenez la parole.

6. Faites-vous connaître à l'extérieur de l'entreprise

Si vous donnez une conférence au cours d'un congrès ou que vous écrivez un article dans un magazine, votre expertise grandira rapidement. Dans le même sens, si vous rencontrez les « bonnes personnes » dans ces événements, votre réseau s'enrichira.

7. Gérez l'accès aux décideurs

Si, dans le cadre de vos fonctions, vous avez le mandat d'établir certaines priorités dans les dossiers soumis à un supérieur, laissez savoir aux autres que vous pouvez accélérer ou ralentir le cheminement de leur requête. Votre pouvoir de contrepartie grandira rapidement.

8. Trouvez un mentor

Si, au vu et au su de tout le monde, une personne haut placée, qu'elle soit au service de l'entreprise ou non, vous conseille sur la gestion de votre carrière, une partie de son prestige rayonnera sur vous. On vous attribuera rapidement un pouvoir plus grand qu'il ne l'est réellement.

9. Faites appel à un consultant

Votre idée ne fait pas l'unanimité ? Si vous êtes en mesure d'embaucher un consultant disposé à appuyer votre point de vue, votre idée passera plus facilement.

10. Trouvez un meilleur emploi à votre patron

Si vous trouvez un poste plus intéressant à votre supérieur, il risque fort de vous recommander pour prendre sa place ou de vous inviter à le suivre chez son nouvel employeur. Dans les deux cas, votre situation s'améliore.

Le pouvoir que vous apportera l'utilisation du côté clair de la force est un pouvoir à effet composé. Vous remarquerez une réaction plutôt faible de la part de vos collègues au début, qui ira croissant à mesure que grandira votre pouvoir d'affiliation. Un bon matin, vous vous rendrez compte qu'on se fie à vous et qu'on se tourne vers vous quand les problèmes semblent insolubles. Vous saurez alors que vous avez le pouvoir de changer les choses.

CHAPITRE 5

Le côté sombre de la force

Que vous soyez un agneau ou un loup, il importe que vous lisiez ce chapitre. Le loup y découvrira d'autres techniques à utiliser au travail, tandis que l'agneau se rendra compte de ce que fait le loup et pourra se prémunir contre ses manœuvres.

C'est le côté sombre de la force qui opère quand on veut ne rien faire du tout, quand on veut attribuer le blâme à quelqu'un d'autre, quand on veut se débarrasser d'un ennemi ou obtenir des avantages inaccessibles autrement.

Notez qu'il existe des dangers à utiliser les techniques décrites ici. Si votre jeu est découvert, vous vous ferez des ennemis et vous serez affublé de l'étiquette de **manipulateur** jusqu'à la fin de votre carrière.

L'ART DE NE RIEN FAIRE

Il arrive qu'une idée menaçante à laquelle vous ne pouvez pas vous opposer publiquement soit avancée et que vous deviez faire semblant de l'endosser. Voici deux exemples.

> ➤ Lucie : « Paul m'a dit que, à cause des problèmes de livraison, je devais cesser de m'approvisionner chez ce fournisseur. Or, ces gens sont mes amis et je n'ai aucune envie de les laisser tomber. »

> ➤ Serge : « Charles voudrait programmer le système informatique pour permettre à tous les employés de consulter en ligne les commandes en cours. Je n'ai pas envie de perdre ma mainmise sur cette information. »

Lucie et Serge ne veulent pas de ces changements, mais ils ne peuvent pas s'y opposer. Voici cinq tactiques, tirées du côté obscur de la force, qui pourraient les aider à torpiller ces projets.

1. « Je te rappelle »

Il arrive fréquemment qu'une requête soit lancée sur un coup de tête. Tablez sur la possibilité que la personne qui vous fait la demande y soit indifférente ou encore que ses priorités changent. Dans ce cas, hochez la tête, mentionnez que vous la rappellerez à ce sujet et ne faites plus rien.

Il se peut très bien que vous n'entendiez plus parler de ce sujet épineux, mais préparez une petite excuse au cas où et répétez la manœuvre au besoin. Profitez du temps que vous avez gagné pour faire renverser la décision ou pour mater l'adversaire.

2. « J'aimerais qu'on en parle »

C'est une variante de la tactique précédente. Mentionnez votre intérêt pour le changement proposé, mais stipulez que vous aimeriez en discuter avant d'agir. Quand votre interlocuteur voudra fixer une rencontre, feuilletez votre agenda et proposez une date suffisamment éloignée pour vous permettre de préparer une proposition de rechange.

3. « J'ai une urgence »

Cette tactique est simple : vous dites oui à toute proposition, mais vous ne faites rien. Pendant que le temps passe, l'idée perd de son lustre et risque d'être reléguée aux oubliettes. Si on vous demande quand même où vous en êtes, invoquez un dossier urgent que vous devez terminer avant de passer à autre chose.

4. « Créons un comité »

Pour utiliser cette tactique, vous devez découvrir une faille dans la requête qui vous est adressée. Par exemple : les employés de la livraison seront en colère, nous ignorons les coûts exacts, il faut prévoir les répercussions sur la qualité de la production, etc. Puis suggérez la mise sur pied d'un comité chargé d'analyser la proposition avant sa mise en œuvre.

Dès que le comité émettra ses recommandations (ce qui est toujours long), trouvez une faille dans son raisonnement et retournez-le à ses devoirs. Ce manège peut durer longtemps, sans que personne ne puisse vous accuser de résister au changement.

5. Créez une diversion

Vous pouvez aussi provoquer un événement qui aura pour effet de retarder ou de faire oublier le projet. C'est ce qu'a fait Serge : « J'ai programmé le système informatique pour qu'il ne reconnaisse plus les mots de passe de certains usagers. Du coup, on m'a confié le mandat de redresser la situation en me disant que c'était prioritaire et j'ai pu oublier les modifications suggérées par Charles. »

LE BOUC ÉMISSAIRE

Il arrive également qu'un problème se présente ou que vous vous rendiez compte qu'un mandat que vous aviez accepté se révélera bientôt un échec. Dans ces cas, puisque vous ne souhaitez pas être associé à un revers ni aux difficultés de l'organisation, vous pourriez trouver quelqu'un pour porter le chapeau à votre place. Plusieurs options s'offrent alors à vous.

1. La réorganisation

S'il vous est possible de procéder à une restructuration, vous pouvez confier le mandat devenu épineux à une autre personne qui pourra par la suite être sacrifiée à votre place. Ce jeu de chaises musicales est fréquent dans les grandes entreprises.

2. « J'en avais parlé à... »

Avant que l'échec du mandat éclate au grand jour, faites mine de demander conseil à plusieurs personnes en faisant en sorte qu'ils appuient les décisions que vous avez prises jusqu'ici. N'hésitez pas par la suite à leur faire parvenir un courriel ou une note reprenant la teneur de ces conseils et les en remerciant.

Quand le problème sera connu, vous pourrez faire la preuve de votre bonne volonté en dressant la liste de toutes les personnes consultées. Ainsi, la responsabilité de l'échec sera partagée. Cette tactique est encore plus efficace si votre patron figure dans la liste de ceux à qui vous avez « demandé conseil ».

3. « Ça nous prend un comité »

Une autre manière de partager la responsabilité d'un échec consiste à trouver une raison exigeant que plusieurs personnes travaillent au projet. Par exemple : trois services seront touchés, le réseau informatique devra être modifié, il y aura peut-être des incidences fiscales, etc.

Si, par bonheur, le comité parvient à redresser la situation et à faire du projet un succès concret, on dira que c'est grâce à vous.

SE DÉBARRASSER D'UN ADVERSAIRE

L'adversaire ne vous aime pas, ou encore il vise la même promotion que vous, ou encore il vous prive des ressources dont vous avez besoin. Dans tous ces cas, vous songerez à vous débarrasser de lui ou, du moins, à limiter son potentiel destructeur. Voici sept façons d'y arriver.

1. Lui trouver un emploi

Si vous réseautez suffisamment, vous avez sûrement, à ce jour, rencontré un chef d'entreprise, un chasseur de têtes ou un directeur des ressources humaines avec qui vous vous entendez bien. Pourquoi ne pas demander à un de ces professionnels de trouver un emploi à votre adversaire ? Du coup, vous ne l'aurez plus dans les jambes et vous gagnerez même sa reconnaissance.

2. Le poignarder

Normalement, vous tentez de régler les problèmes au fur et à mesure qu'ils se présentent, mais, dans ce scénario, vous les gardez dans votre poche en prévision du moment où vous pourrez les utiliser.

Commencez par trouver une erreur qu'a commise votre adversaire. Peut-être a-t-il gonflé sa note de frais, accepté un cadeau d'un fournisseur alors que l'entreprise l'interdit, acheté des pièces de piètre qualité pour diminuer le coût de revient d'un produit, etc. ? Consignez tous les impairs de votre adversaire dans un dossier et attendez le moment propice pour vous en servir.

Au fil d'un entretien privé avec votre patron commun, lancez : « J'aurais besoin d'un conseil concernant une note de frais gonflée indûment. Croyez-vous que je devrais rencontrer moi-même l'employé fautif et couvrir la chose ou procéder autrement ? » Votre supérieur voudra en savoir davantage.

Dans le même sens, à l'occasion d'une réunion à laquelle participe l'adversaire, faites ressortir sa bévue : « Comment se fait-il que nous ayons commandé des pièces d'aussi mauvaise qualité ? Savez-vous qui a pris cette décision ? »

3. Lancer une rumeur

Aucun fait ne vous permet de poignarder votre adversaire ? Vous pouvez toujours en inventer un de toutes pièces. Lancez une rumeur qui aura pour conséquence de faire chuter l'appréciation que les autres lui portent. Son influence baissera simultanément. Parmi les rumeurs les plus efficaces et les plus sûres de circuler, on retrouve :

➔ il bat sa femme ;

➔ elle a des problèmes psychiatriques ;

➔ il a déjà été accusé de fraude.

Le plus intéressant avec les rumeurs, c'est que plus votre adversaire s'en défend, plus elles se confirment. Quelle crédibilité accorderiez-vous à quelqu'un qui vous dirait qu'il ne bat pas sa femme ?

4. Saboter son travail

S'il doit faire une présentation le lendemain et que vous avez accès à son ordinateur, trafiquez sa présentation PowerPoint ou intégrez des erreurs de calcul flagrantes dans son tableur. Pendant sa présentation, vous pourrez les lui faire remarquer.

5. Lui demander de partir

Cette tactique suppose que vous avez suffisamment épié votre adversaire pour connaître une ou deux choses sur lui qu'il n'aimerait pas voir raconter. Peut-être a-t-il commis une fraude ou couché avec la conjointe du patron ?

Si vous avez en main une telle information, vous pouvez le menacer de rendre les faits publics s'il ne remet pas sa démission. La crainte du scandale et les risques de voir sa valeur sur le marché diminuer suffisent souvent à chasser un adversaire soucieux de son image.

6. Abolir son poste

Vous pouvez également, si vous êtes en mesure de procéder à une réorganisation du travail, abolir le poste de votre adversaire. Conséquemment, l'entreprise n'a plus besoin de ses services.

7. Lui rendre la vie impossible

Les façons de rendre la vie d'un adversaire misérable sont nombreuses. Si vous y arrivez, il voudra à tout prix quitter l'entreprise. Voici quelques moyens.

Réduisez le budget de fonctionnement de son service tout en augmentant sa charge de travail.

Intégrez les paresseux dans son service. Il devra travailler des heures supplémentaires pour compenser la perte de productivité.

Modifiez l'organigramme pour qu'il se rapporte à un employé sans grade plutôt qu'à un vice-président. Beaucoup n'encaisseront pas le coup porté à leur orgueil.

Demandez-lui de produire des rapports interminables concernant la moindre dépense et prenez l'habitude de scruter ses pièces justificatives : « Était-ce nécessaire de commander un plat à 21,95 $? Il n'y avait rien de moins cher ? »

FAIRE EN SORTE D'OBTENIR UN OUI

Il est parfois difficile d'obtenir ce qu'on veut dans son milieu de travail. Voici justement deux personnes qui rencontrent de la résistance.

> ➤ Isabelle : « Nathalie, une de nos caissières, ne balance pas sa caisse comme je le lui ai montré, ce qui m'occasionne plus de travail. Ça fait trois fois que je lui en parle, mais elle s'entête. »

➤ Maurice : « Je suis dans l'entreprise depuis maintenant huit ans, mais mon patron vient de m'annoncer que je ne remplacerai pas le directeur des ventes, qui prend sa retraite. »

Voici comment les gens qui usent du côté sombre de la force peuvent se faire dire oui malgré les résistances initiales.

1. Demander à « l'autre patron »

Si vous travaillez dans une organisation matricielle (dans laquelle les employés répondent simultanément à deux structures, plutôt qu'à une seule comme dans l'organisation hiérarchique) ou dans une petite entreprise où il y a plus d'un patron, adressez votre requête à un autre supérieur. Celui-ci vous dit oui ? Prenez sa réponse en note de même que la date de la rencontre et agissez comme vous le souhaitez.

2. Devenir maître chanteur

Il est possible que la personne qui refuse de vous dire oui ait quelque chose à se reprocher. Peut-être êtes-vous en mesure de lui faire du tort ? Alors, jouez les maîtres chanteurs et exigez qu'elle se plie à vos exigences.

➤ Maurice : « Si je n'ai pas la promotion, je me verrai contraint de raconter ce que vous faites à l'heure du lunch chaque jeudi. Votre épouse serait très surprise d'apprendre que son président de mari s'amuse avec une jeune fille qui a 30 ans de moins que lui. Qu'en dites-vous ? »

3. Crier ou blasphémer

Si vous avez l'habitude d'être calme et réservé, une bonne crise ponctuée de quelques jurons suffira à faire passer votre message.

C'est ce qu'a fait Isabelle, comme elle le raconte, sourire aux lèvres : « Nathalie a été tellement surprise de m'entendre jurer comme un charretier qu'elle m'a tout de suite dit que, dorénavant, elle balancerait sa caisse comme je le souhaite. Tout va bien depuis. »

Bien sûr, cette tactique perd de son efficacité si on en abuse.

4. Invoquer un supérieur hiérarchique

En répétant votre requête, si vous mentionnez le nom d'une personne jouissant d'une bonne crédibilité et d'un pouvoir certain dans l'organisation, votre vis-à-vis sera porté à vous écouter. À ce moment, dans son esprit, ce n'est plus vous qui parlez mais bien la personne dont vous invoquez le nom.

Par exemple, Isabelle pourrait dire : « Le patron a approuvé la méthode que je tente de te faire adopter. Dois-je lui dire que tu es d'accord ou que tu t'entêtes ? »

5. Lancer des ballons d'essai

Un complice pourrait également se charger de lancer des rumeurs sur votre compte. Comment réagira le patron en apprenant qu'une entreprise concurrente vous a fait une offre? Que fera la direction si le journal local laisse entendre que des mises à pied sont imminentes?

> ➤ Diane: « Dès que la nouvelle de mon départ s'est répandue, mes collègues m'ont demandé pourquoi je songeais à quitter l'entreprise. Je n'ai pas répondu. J'ai attendu que mon patron me pose la question pour lui expliquer ce que je gagnais en acceptant la proposition du concurrent. Mon patron a tout de suite égalé cette offre... que je n'avais jamais vraiment reçue! »

> ➤ Denis: « Je n'arrivais pas à faire respecter les nouvelles directives concernant les notes de frais. Quand j'ai laissé entendre que notre contrôleur vérifierait désormais chacune des réclamations, nos dépenses de représentation ont chuté de 30 %. »

6. Menacer de partir

Si votre pouvoir de contrepartie est nécessaire au succès de l'organisation, le fait de menacer de partir devrait vous permettre d'obtenir rapidement ce que vous souhaitez. Mais attention! Il faut que vous soyez disposé à mettre vos menaces à exécution. Et n'abusez pas de cette tactique, au risque de faire chuter votre crédibilité.

7. Encourager le dépôt de plaintes

Si vous n'arrivez pas à faire bouger la direction, peut-être qu'un client pourra y parvenir. Voici deux exemples éloquents.

> ➤ Richard : « Depuis des mois, je demandais qu'on achète de nouvelles courroies mais personne ne m'écoutait. J'ai fait en sorte de mal attacher deux commandes la semaine dernière, et les clients se sont plaints que leur marchandise était abîmée. Grâce à ces deux plaintes, j'ai tout de suite obtenu l'autorisation d'acheter du nouveau matériel. »

> ➤ Huguette : « J'ai expliqué à la dame que les budgets ne nous permettaient qu'une débarbouillette par patient par quart de travail. Elle a ameuté les journalistes et, depuis trois jours, nous pouvons utiliser autant de débarbouillettes que nous en avons besoin. »

Et alors ? Terminez-vous ce chapitre avec la chair de poule ou avec un sourire en coin ? Si vous êtes un agneau, retenez que ces tactiques existent et que, si vous niez leur existence, elles risquent d'être employées contre vous. Si vous êtes un loup, sachez que vos combines sont maintenant connues. À bon entendeur, salut !

Chapitre 6

Cohabiter avec Machiavel

Votre lecture vous a-t-elle permis de démasquer les loups à l'œuvre dans votre organisation ? Les comportements décrits dans le chapitre précédent sont-ils les leurs ? À la fin de ce chapitre, vous saurez vivre avec ces bêtes sans devenir leur victime. Retenez d'abord que les loups ne se situent pas uniquement dans le quadrant des adversaires ; ils peuvent aussi très bien être vos alliés. Ce n'est pas non plus parce que vous avez mis dans le camp des adversaires un collègue avec qui vous éprouvez des difficultés qu'il est nécessairement un loup sanguinaire.

Pierre, par exemple, ne peut présumer que Maurice est un loup. Il est possible que ce dernier joue franc jeu et qu'il soit moins dangereux que Johanne ! C'est pourquoi il importe, dans un premier temps, d'apprendre à reconnaître les loups et leurs mensonges.

Reconnaître le mensonge

De nombreux chercheurs ont tenté de découvrir les indices qui permettent de détecter un mensonge. Dans son livre *Never Be Lied to Again,* l'auteur américain David J. Lieberman en faisait une synthèse que nous vous résumons maintenant.

Le langage corporel. Pendant qu'elle dit des faussetés, la personne qui vous ment aura tendance à éviter le contact visuel ou à hausser les épaules. Il est fort possible aussi que ses gestes soient moins expressifs que d'habitude. Certaines personnes cacheront aussi une partie de leur visage avec leur main.

Les émotions visibles. Chez la personne qui ment, l'émotion est souvent feinte, ce qui entraîne plusieurs maladresses. Les gestes qui devraient appuyer la parole sont décalés. Par exemple, si le menteur dit qu'il est heureux, c'est trop tard que son sourire arrivera. En fait, chez le menteur, les émotions sont souvent véhiculées uniquement par la bouche et non par le corps tout entier.

L'interaction. La personne qui ment participe moins aux discussions et affiche peu de conviction. Elle tente de s'effacer, elle veut prendre moins de place que son vis-à-vis. Elle baissera les épaules, se tournera vers la sortie, évitera les contacts physiques et aura tendance à placer quelque chose entre elle et son interlocuteur. Finalement, le menteur évitera de pointer du doigt, un geste qui marque la conviction.

Le choix des mots. Lorsqu'on lui pose une question qui le met dans l'embarras, le menteur est souvent porté à répondre par une question ou un commentaire général. Par exemple, si Guy demande à son employée si c'est bien Michel qui a pris de l'argent dans le tiroir-caisse, elle répondra, dans la mesure où elle veut le couvrir : « Pourquoi l'aurait-il fait ? C'est mal de voler. » Cette réponse, qui n'en est pas une, évite à la personne de se mouiller ; plus encore, elle laisse croire que son propre comportement est exemplaire.

Par ailleurs, le menteur ne supportera pas le silence de son interlocuteur à la suite de sa réponse. Confondant le silence et le doute, il ajoutera des éléments d'information jusqu'à ce que l'autre confirme qu'il le croit.

La manière dont les mots sont prononcés. Le menteur n'est pas toujours fier de son geste et, souvent, il préférera « grogner les mensonges » plutôt que de les prononcer clairement. De plus, il aura tendance à prendre plus de temps à répondre quand vous lui posez directement une question. C'est normal : il doit s'assurer que sa réponse ne contredira pas les mensonges qu'il a dits précédemment. Cet exercice mental exige des efforts de concentration.

Le comportement. La majorité des gens qui disent la vérité s'attendent à ce qu'on les croie. Ils ne perdront pas de temps à vous demander si vous les croyez ou à se plaindre des imposteurs qu'on trouve dans notre société.

Si votre vis-à-vis vous demande constamment si vous le croyez, c'est qu'il se sent vulnérable.

De même, le menteur fera rarement référence à une tierce personne en répondant à vos questions, de peur que vous demandiez à cette dernière de confirmer ses dires. Vous avez donc toutes les raisons d'avoir confiance en celui qui ne vous demande pas constamment si vous le croyez ou qui se rend vulnérable en nommant un tiers.

D'autres réactions peuvent également vous faire craindre le mensonge ou la manipulation quand vous affrontez un disciple de Machiavel. Voici quelques exemples.

S'il s'insurge et vous demande en quel honneur vous doutez de ses affirmations, il a peut-être quelque chose à cacher. Ceux qui se sentent dans leur droit passent rarement à l'attaque.

S'il ridiculise votre accusation, il est possible que vous ayez mis le doigt sur un point sensible. Par exemple, quand Guy a accusé Michel d'avoir pris de l'argent dans le tiroir-caisse, ce dernier a répondu à la blague : « C'est ça, j'en prends toutes les semaines depuis trois ans. Allez-vous appeler la police ? »

S'il commence ses phrases par des expressions comme « Pour être honnête », « À dire vrai » ou « Sincèrement », méfiez-vous. Ces expressions sont souvent utilisées comme écran de fumée.

Il est indubitable que votre capacité de détecter le mensonge vous permettra de mieux faire votre travail et d'éviter les embuscades.

LES TRACES QUE LAISSE LE LOUP

Mis à part le mensonge, d'autres indices devraient vous aider à repérer ceux qui tentent de vous manipuler.

Sa réputation. S'il traîne la réputation d'un magouilleur, il en est probablement un. Tentez alors de rencontrer une de ses victimes et demandez-lui si les rumeurs qui circulent à son sujet sont fondées. Si c'est le cas, renseignez-vous sur son *modus operandi.*

Son attitude à votre égard. Posez-vous des questions si un collègue qui vous a toujours ignoré devient soudainement très gentil avec vous et vous offre, par exemple, de vous apporter un café ou de vous aider à terminer un travail urgent. Si cela se produit, demandez-lui ce qui se passe.

La recherche de confidences. Les loups aiment savoir ce qui se passe ou ce qui s'est passé dans votre vie. Avez-vous déjà pensé au suicide ? Êtes-vous fidèle en amour ? Que pensez-vous réellement de votre patron ? Ces renseignements lui serviront à monter un dossier sur vous et à vous attaquer le jour où il le jugera pertinent. Ce n'est pas parce qu'une personne se fait chaleureuse et qu'elle encourage les confidences que c'est un ou une amie. Confiez-vous à de **vrais amis.**

Le type de mandat qu'il vous confie. Les exemples qui suivent vous aideront à reconnaître cette forme de manipulation.

➤ Lucie : « Ma patronne m'a fait venir dans son bureau et m'a expliqué que j'étais la personne toute désignée pour prendre en main le dossier du lancement de ce nouveau produit. J'étais à la fois surprise et flattée. Comment pouvais-je deviner que ce projet était voué à l'échec et que j'avais été choisie comme bouc émissaire ? »

➤ Jacques : « Un problème a éclaté à la succursale de Bangor et le directeur adjoint m'a dit que j'étais le seul à pouvoir le régler. Comme je devais faire une présentation le lendemain matin, il m'a offert de la faire à ma place. Je lui ai donc confié ma présentation et je suis parti pour le Maine. À mon retour, on le félicitait encore ! Il s'était attribué la paternité de mon travail. J'ai appris plus tard qu'il avait lui-même orchestré les supposés déboires de Bangor. »

Les marques de confiance sont toujours appréciées. Mais lorsqu'elles sont parfaitement inattendues, il y a peut-être anguille sous roche. Sachez faire preuve de circonspection. Demandez-vous ce qui se cache vraiment derrière une proposition à laquelle vous ne vous attendiez pas.

Son mode de communication. Quand il répond à des questions concernant des délais de réalisation ou quand on lui demande son opinion, le loup est volontairement flou. En entretenant la **confusion,** il peut faire ce qui lui plaît sans craindre de se faire prendre. Si, dans le contexte d'une négociation, un collègue a l'habitude d'attendre de savoir qui sera vainqueur avant de choisir son camp, il est fort possible qu'il s'agisse d'un loup.

Le loup aime également entretenir la **crainte.** Il dira clairement à un collègue qu'il ne l'aime pas ou qu'il ne lui fait pas confiance. Il répétera aussi que personne n'est irremplaçable. En fait, il préfère le pouvoir de coercition à ceux de contrepartie ou d'affiliation. Si ce n'est pas suffisant pour déséquilibrer sa victime, il feindra la colère pour lui dire qu'il est un pas bon, qu'il ne sait pas mettre un pied devant l'autre, etc.

En revanche, le loup complimente ceux qui pourraient lui être utiles. Ses bons mots sont généralement superficiels, mais tant de gens aiment se faire flatter dans le sens du poil !

Un dernier indice : selon Gerry Lange et Todd Domke, les auteurs de *Cain & Abel at Work*, le loup aime tellement mentir qu'il lui arrive même de le faire quand il n'a rien à gagner.

10 TRUCS POUR DANSER AVEC LES LOUPS

Si vous suivez les 10 conseils énumérés ici, vous serez moins vulnérable aux attaques des loups au travail.

1. Tenez un journal de bord

Les oublis, intentionnels ou non, de ceux qui vous entourent peuvent avoir des conséquences fâcheuses sur votre travail. Pour prévenir plutôt que guérir, tenez un journal de bord. Voici un exemple de données à y consigner.

---

12 février

12 h 30	*Rencontre avec Louis. Il m'a dit de ne pas m'en faire, que le projet suivait son cours. Johanne était présente.*
13 h 15	*Au téléphone, Rachel m'a confirmé que les pièces seraient livrées à l'entrepôt avant mardi prochain.*

Si, dans 10 jours, la commande n'est pas arrivée et que Louis vous accuse d'incompétence, vous êtes en mesure de lui rappeler le moment exact où il vous a dit qu'il vous faisait pleinement confiance (Johanne peut même le confirmer) et l'heure à laquelle Rachel vous a confirmé que les produits arriveraient à temps.

Le journal de bord est un **outil essentiel** dans le monde du travail moderne, un monde où la fidélité est de plus en plus une notion périmée. En ce qui concerne le journal de bord, les précautions suivantes s'imposent.

N'attendez pas la fin de la journée pour faire vos inscriptions dans votre journal. Vous risquez fort d'avoir déjà oublié l'heure exacte d'une rencontre ou les propos importants d'une conversation.

Tenez-vous-en aux **faits.** N'inscrivez ni commentaires ni pensées intimes dans votre journal de bord, même s'ils se rapportent à un événement au travail. Un texte qui n'est pas factuel peut plus facilement être mis en doute.

Notez le nom des témoins. Vous pourriez avoir besoin de faire confirmer ce que vous avancez si un problème survient.

Ne laissez pas votre journal de bord au travail quand vous n'y êtes pas. Ce genre de document a tendance à disparaître. Si vous le tenez dans votre ordinateur, protégez-le par un mot de passe.

Si votre journal est standard, assurez-vous qu'il soit relié et que les pages soient numérotées. On pourrait sinon vous accuser d'avoir ajouté des feuilles pour couvrir une bévue ou d'en avoir retiré pour vous protéger.

2. Ne vous contentez pas de propos flous

Votre patron vous promet une récompense ? **Demandez-en la teneur.** Vous saurez ainsi à quoi vous attendre. Si un collègue vous dit que le travail sera terminé rapidement, demandez-lui une date, que vous inscrirez d'ailleurs dans votre journal de bord.

Les propos flous ne vous aident aucunement dans votre travail. Si le collègue ignore à quelle date le travail sera terminé, il n'est pas en mesure de dire s'il respectera la date limite. Si le patron n'a aucune idée de la récompense qu'il vous offrira, attendez-vous à un porte-clés arborant le logo de l'organisation.

3. Ne négligez pas votre travail

Le fait que des loups dûment identifiés gravitent autour de vous ne doit pas devenir une obsession et vous faire oublier que vous êtes payé pour accomplir des tâches. Si vous prenez du retard ou laissez passer des erreurs, les loups n'auront pas de difficulté à se débarrasser de vous au moment opportun.

4. Affrontez votre adversaire

Si un collègue tente de vous faire porter le chapeau pour une bévue que vous n'avez pas commise, s'il cherche à s'approprier les fruits de votre travail, s'il lance des rumeurs sans fondement sur votre compte ou s'il tente de vous voler une idée brillante, affrontez-le. Faites en sorte que ses manigances soient connues. Ne le laissez pas s'en tirer en vous disant que les choses vont se régler d'elles-mêmes ou qu'à la fin les bons finissent toujours par gagner.

5. Ne devenez pas le complice du loup

Le loup qui aura compris que vous voyez clair dans son jeu tentera peut-être de vous amadouer tout en vous piégeant. Voici deux exemples.

> ➤ Roger : « Puisque ce déplacement n'était pas prévu, Chantal m'a suggéré de me gâter un peu en prenant une suite au lieu d'une chambre ordinaire et en invitant mon épouse. C'est ce que j'ai fait. Après tout, Chantal est ma directrice. Maintenant, elle menace de révéler que je me suis payé des vacances aux frais de l'entreprise ! »

> ➤ Lyne : « Yves m'a promis une augmentation si je subtilisais le fichier de clients de Carl, un collègue. Je l'ai fait et, depuis, il menace de me dénoncer pour espionnage industriel. »

Dans ces deux cas, le loup a piégé son collègue en le rendant complice. Maintenant sur leurs gardes, Roger et Lyne craignent d'être découverts. Ils pourraient tout révéler à la direction, mais ils s'inquiètent des répercussions possibles.

6. Protégez votre travail

Pour prévenir le sabotage, il vaut mieux prendre trop de précautions que pas assez. Votre travail est-il accessible en votre absence ? Vos fichiers informatiques sont-ils protégés ? Une personne mal intentionnée pourrait-elle les trafiquer pour vous nuire ou les diffuser pour semer le doute sur votre loyauté envers l'entreprise ?

7. Utilisez le côté clair de la force

Pour plusieurs raisons, si vous gérez bien votre image, comme nous l'avons vu au chapitre 3, et que vous utilisez les techniques présentées au chapitre 4, vous nuirez indirectement au loup. En effet, vous serez entouré d'alliés. Il deviendra donc plus difficile pour le loup de lancer des rumeurs sur votre compte ou de vous faire porter le blâme indûment.

Grâce à votre réseau d'alliés, vos bons coups seront connus avant qu'un loup en réclame la paternité. Si vous parlez de vos dossiers en cours avec vos amis collègues, il sera très difficile pour un loup de faire croire qu'il a eu telle idée ou qu'il a conquis tel client. De toute façon, ce sont surtout les personnes qui adoptent un profil bas au travail qui se font voler leurs idées.

En utilisant le côté clair de la force, votre pouvoir dans l'organisation prendra de l'ampleur. Et, si vous parvenez à le faire grandir suffisamment, vous serez en mesure de procéder à l'une ou l'autre des actions suivantes :

- Faire muter le loup dans un endroit où il ne pourra plus vous faire de mal ni nuire à l'organisation.

- Lui confier un mandat au cours duquel il fera la preuve de son incompétence.

- Lui demander de quitter l'entreprise dans les plus brefs délais.

8. Ne passez pas pour un chialeur

C'est souvent en vain que vous vous plaindrez à la direction parce qu'on a saboté votre travail ou qu'on s'est approprié votre idée. Pour le patron qui entend ces récriminations, vous devenez un irritant, sans compter qu'il se dit que vous tentez de justifier votre piètre performance ou que vous jouez les enfants. Dans les deux cas, votre image en souffre.

Il est entendu que vous vous ferez voler une idée de temps à autre. Il est normal que les gens tentent de se faire voir sous leur meilleur jour, et cela vous portera parfois ombrage. Dans ces occasions, dites-vous que ces irritants viennent avec la vie en société et passez à autre chose. Ne laissez pas votre rancune vous aveugler au point de nuire à votre carrière.

9. Gardez le loup près de vous

Il vous est impossible d'empêcher le loup de vous nuire ? Gardez-le à portée de vue. Invitez-le à se joindre à votre équipe, à travailler à vos projets. Ainsi, si le travail est saboté, sa propre image en souffrira. Faites en sorte que son succès passe par le vôtre. Il devra alors vous aider s'il souhaite se tailler une place dans l'organisation.

10. Restez zen

Ne tentez pas de transformer un loup en agneau, c'est peine perdue. Même s'il s'excuse de ses bassesses et promet de ne pas recommencer, il récidivera. Les loups ne changent pas. Au mieux, on les neutralise.

Un agneau avec une mitraillette

Nous avons déjà défini la politique au travail comme un ensemble de mécanismes qui permettent de répartir le pouvoir dans une organisation. Votre lecture devrait vous avoir permis de dégager les trois règles suivantes.

1. Vous êtes plus puissant que vous ne le pensiez

Dans une entreprise, le pouvoir n'est pas qu'affaire de statut, de titre ronflant ou d'espace de stationnement réservé. Si vous procédez à une analyse objective de votre place dans l'organisation, vous prendrez conscience de l'ampleur de votre pouvoir réel.

> ➤ Pascal : « J'avais toujours pensé que j'avais davantage besoin de mon patron que lui de moi. Et puis, je me suis rendu compte que je pouvais quitter l'entreprise n'importe quand, tandis que lui, en

tant que propriétaire, n'aurait jamais cette liberté. Quand je me suis décidé à exprimer mon point de vue, il m'a écouté. »

➤ Denise : « En théorie, je ne suis qu'une simple caissière. Mais j'ai développé une telle relation avec la clientèle que mon gérant a depuis longtemps compris que mon départ entraînerait une baisse de la clientèle. »

L'entreprise où vous travaillez compte-t-elle plus de deux personnes ? Si tel est le cas, la politique est un phénomène que vous ne devez pas négliger.

2. Le mot *pouvoir* n'est pas péjoratif

Du point de vue de l'éthique, le pouvoir est neutre ; il n'est ni bon ni mauvais. C'est un outil qui peut tout autant servir à bâtir qu'à détruire, à soigner qu'à tuer, à faire prospérer qu'à plonger dans la dèche. La manière dont on l'utilise fait toute la différence.

Sans outils, vous ne pouvez ni bâtir, ni soigner, ni prospérer. Pour contribuer à la croissance de votre organisation, vous devez donc **acquérir du pouvoir.** Si vous vous entêtez à jouer les agneaux sacrificiels, vos chances de promotion sont quasi nulles. Vous risquez de devenir le pion du magouilleur, vous courez le risque de perdre votre emploi et une certaine désillusion vous guette.

3. Vous n'avez pas à devenir un loup

Non, il n'est pas nécessaire que vous deveniez un loup, que vous succombiez au côté sombre de la force. Ce qui importe, c'est de voir venir les loups, de reconnaître leurs tactiques et de s'en prémunir.

En fait, il faut devenir **un agneau avec une mitraillette** ! Pour ce faire, favorisez constamment la réciprocité, utilisez le réseautage, soignez votre image et faites preuve de professionnalisme tout en étant prêt à freiner ceux qui tentent de vous nuire en recourant à l'opportunisme, au mensonge, à l'intimidation ou la flatterie.

Un agneau avec une mitraillette, c'est un employé avec une **vision** et une **colonne vertébrale**. Cet actif est indispensable aux entreprises d'aujourd'hui.

Et maintenant ?

Si vous voulez aller plus loin, voici quelques titres de la collection **S.O.S. BOULOT** qui vous permettront d'approfondir les notions abordées dans ce livre.

Pour améliorer les relations que vous entretenez avec votre patron, lisez *Gérez votre patron*. D'autres moyens de faire grandir votre influence au travail sont présentés dans ce guide.

En lisant *Affirmez-vous !,* vous apprendrez à transformer vos ennemis en alliés circonstanciels ou en simples adversaires. La confrontation a ses vertus, vous le découvrirez.

Grâce à *Pourquoi travaillez-vous ?*, vous définirez vos objectifs professionnels. Vous ferez vôtres les trois principales caractéristiques des gens qui réussissent au travail.

Finalement, pour rebâtir votre estime de soi que des loups ont peut-être anéantie, lisez *Un collègue veut votre peau*.

Comme mot de la fin, nous vous souhaitons de réaliser **l'ampleur de votre pouvoir réel** et de prendre **la place qui vous revient** au travail et dans votre communauté. C'est ce que mérite un agneau armé d'une mitraillette !

LECTURES SUGGÉRÉES

Bixler, Susan et Lisa Scherrer Dugan, *5 Steps to Professional Presence: How to Project Confidence, Competence, and Credibility at Work*, Adams Media, Holbrook, MA, 2001, 256 p.

Bixler, Susan et Lisa Scherrer, *Take Action!*, Fawcett Columbine Books, New York, 1996, 256 p.

Bramson, Robert, *What Your Boss Doesn't Tell You Until It's Too Late: How to Correct Behavior That Is Holding You Back,* Fireside, New York, 1996, 176 p.

Cohen, Allan R. et David L. Bradford, *Influence Without Authority*, John Wiley and Sons, New York, 1991, 319 p.

Dobson, Michael S. et Deborah S. Dobson, *Enlightened Office Politics*, Amacom, New York, 2001, 316 p.

DuBrin, Andrew, *Winning Office Politics for the '90s*, Prentice-Hall, New Jersey, 1990, 338 p.

Hawley, Casey, *100 + Tactics for Office Politics*, Barron's, New York, 2001, 184 p.

Holden, Mark, *Positive Politics*, Business & Professional Publishing Pty Limited, Warriewood, Australie, 1998, 204 p.

Jeffries, Rosalind, *101 Recognition Secrets: Tools for Motivating and Recognizing Today's Workforce*, Performance Enhancement Group Publishing, Chevy Chase, Maryland, 1996, 106 p.

Kelley, Robert E., *How To Be a Star at Work: 9 Breakthrough Strategies You Need to Succeed*, Three Rivers Press, New York, 1999, 338 p.

Lieberman, David J., *Never Be Lied to Again: How to Get the Truth in 5 Minutes or Less in Any Conversation or Situation*, St-Martin's Press, New York, 1998, 208 p.

Lange, Gerry et Todd Domke, *Cain & Abel at Work*, Broadway, New York, 2001, 222 p.

Marshall, Susan, *How to Grow a Backbone*, Contemporary Books, New York, 2000, 197 p.

Porter, Phil, *Eat or Be Eaten: Jungle Warfare for the Master Corporate Politician*, Prentice Hall Press, New York, 2000, 296 p.

Lectures suggérées

Salmon, William A. et Rosemary T. Salmon, *Office Politics for the Utterly Confused*, McGraw Hill, New York, 1999, 211 p.

Samson, Alain, *Devrais-je démissionner ?*, collection S.O.S. BOULOT, Éditions Transcontinental, Montréal, 2001, 96 p.

Samson, Alain, *Gérez votre patron*, collection S.O.S. BOULOT, Éditions Transcontinental, Montréal, 2001, 96 p.

Samson, Alain, *Pourquoi travaillez-vous ?*, collection S.O.S. BOULOT, Éditions Transcontinental, Montréal, 2002, 96 p.

Samson, Alain, *Affirmez-vous !*, collection S.O.S. BOULOT, Éditions Transcontinental, Montréal, en préparation.

Samson, Alain, *Un collègue veut votre peau*, collection S.O.S. BOULOT, Éditions Transcontinental, Montréal, 2001, 96 p.

Vengel, Alan A., *The Influence Edge : How to Persuade Others to Help You Achieve Your Goals*, Berrett Koehler, San Francisco, 2000, 110 p.